Clint Van Nagel, Robert Siudzinski, Edward J. Reese, MaryAnn Reese
Megateaching

Clint Van Nagel
Robert Siudzinski
Edward J. Reese
MaryAnn Reese

Megateaching

Verlag für Angewandte Kinesiologie
Freiburg im Breisgau

Megateaching: neurolinguist. Programmieren in Unterricht u. Erziehung / Clint Van Nagel . . . [Übers. u. bearb. von Elisabeth Lippmann]. – Freiburg (Breisgau):
Verl. für Angewandte Kinesiologie, 1989
Einheitssacht.: Megateaching and learning <dt.>
ISBN 3-924077-10-X
NE: Nagel, Clint Van [Mitverf.]; Lippmann, Elisabeth [Bearb.]

1989

Originaltitel: Megateaching and Learning – Neurolinguistic Programming Applied to Education.

Aus dem Amerikanischen übersetzt und bearbeitet von Elisabeth Lippmann
Umschlag: Hugo Waschkowski
Lektorat: Susanne Degendorfer, Helga Petres-Lesch
Gesamtherstellung: Rombach GmbH Druck- und Verlagshaus, 7800 Freiburg i. Br.
ISBN 3-924077-10-X

INHALT

VORWORT

Die Anwendung der Techniken und Strategien des Neurolinguistischen Programmierens in der Erziehung bietet einen neuen, belebenden Einstieg in die Methoden des Lehrens und Lernens. Ihre Haltung gegenüber Lehr- und Lernmethoden wird revolutioniert. Die vielfältigen Möglichkeiten, zu lernen und Verhalten zu verändern, eröffnen Ihnen und Ihren Schülern neue Horizonte.

Diese Arbeit ist einer der herausragendsten Beiträge im Bereich der Erziehung in den letzten 10 Jahren.

RICHARD BANDLER
Mitbegründer von NLP

ANMERKUNG DER AUTOREN

Lieber Erzieher:

Sie können von den Informationen und den Anleitungen dieses Buches Gebrauch machen, um Ihre Schüler zu inspirieren, zu motivieren und zu unterrichten. Sie können den Schülern helfen, die Fähigkeiten zu erproben und zu vervollkommnen, die sie brauchen, um die Persönlichkeit entwickeln zu können, die in ihnen steckt.

Wenn Sie die Kapitel lesen und durcharbeiten, sollten Sie Ihre ganze Konzentration auf das Verständnis der Methoden und deren Anwendungsmöglichkeiten richten. Sie werden dann sofort verstehen, wie Sie das, was Sie lesen, gebrauchen können und wie Sie den Text des Buches in Ihrer Klasse in die Wirklichkeit umsetzen können. Aufbauend auf Ihren heutigen Fähigkeiten, wird Ihr Wissen um die Anwendung der Techniken wachsen. Mit Hilfe dieser Techniken werden Sie noch besser in der Lage sein, Ihre Schüler in ihren Bemühungen zu bestärken und zu bestätigen. Sie können ihnen helfen, mit neuem Mut neue Wege zu versuchen und sie in ihrer Entschlossenheit, das Notwendige zu meistern, unterstützen.

Dieses Buch enthält die wirkungsvollsten heute bekannten Unterrichts- und Lernmethoden. Wie sie in Zukunft genutzt werden, liegt an Ihnen. Sie können die Methoden so anwenden, wie in diesem Buch beschrieben. Vielleicht wollen Sie neue Anwendungsmöglichkeiten oder Techniken schaffen, die zu noch mehr Verständnis und Leistung führen. Wir hoffen, daß Sie uns davon Mitteilung machen.

Bedenken Sie: Die zukünftige Erziehung liegt in Ihren Händen. Was sehen Sie? Welche Möglichkeiten eröffnen sich, aufbauend auf den Methoden dieses Buches?

Unsere aufrichtigen Wünsche begleiten Ihr Wachstum und Ihren erfolgreichen Beitrag zum Wachstum anderer Menschen.

Clint Van Nagel

Robert Siudzinski

Edward J. Reese

MaryAnn Reese

WAS IST NEUROLINGUISTISCHES PROGRAMMIEREN ?

Neurolinguistisches Programmieren (NLP) ist ein Modell des menschlichen Verhaltens und der menschlichen Kommunikation. Dazu gehören die verschiedenen Arten der Wahrnehmung und deren Speicherung, sowie der Prozeß der Verhaltenssteuerung. Das Modell umfaßt das Studium der Wahrnehmungen und des Verhaltens, die den individuellen Handlungen zugrunde liegen. NLP betrachtet und analysiert den gesamten Organismus in seinem Umfeld.

NLP untersucht die neurolinguistischen Prozesse – neurologische Vorgänge werden linguistisch dargestellt – in ihrer Interaktion mit der Umwelt. Diese laufenden Interaktionen werden wahrgenommen, eingeordnet und in Form von Sprach- und Verhaltensmustern vom einzelnen Menschen gespeichert. Diese Muster beeinflussen laufend das menschliche Verhalten.

EINFÜHRUNG: HINWEISE ZUR BENUTZUNG DES BUCHES

Zielgruppe des Buches sind Lehrer, Studenten und Schüler. Jedoch sind die Prinzipien und Techniken auf alle Menschen übertragbar.

Wir haben dieses Buch so geschrieben, daß Sie den Inhalt leicht verstehen und gut behalten können. Damit der Leser einen Teil unseres Modells der Welt erfaßt, haben wir jedem Kapitel einen Überblick und wichtige Begriffe mit kurzen Erklärungen vorangestellt. Forschungen haben gezeigt, daß diese Art der Darstellung das Verständnis des Inhalts beträchtlich erhöht.

Jedes Kapitel ist so aufgebaut, daß der Leser der Darstellung Stufe für Stufe folgen kann. Viele der Kapitel enthalten im Text oder am Ende Übungen. Diese sollen den Leser befähigen, die beschriebenen Techniken experimentell anzuwenden.

Beginnen Sie das Buch unbedingt bei Kapitel 1 und lassen Sie kein Kapitel aus. Die Übungen sollten nach dem Studium des betreffenden Kapitels ausgeführt werden. Sie festigen das Verständnis des Textes und sind Grundlage des jeweils folgenden Kapitels.

Wir werden Sie über die weiteren Ergebnisse unserer Forschungen unterrichten. Wir hoffen auf Resonanz von Ihrer Seite, daß Sie Ihre Erfolge und Beobachtungen mit uns teilen. Die Autoren begrüßen jeden Beitrag zu diesem ständig wachsenden Forschungsgebiet. Ihre Beiträge werden in zukünftigen Publikationen berücksichtigt.

Wir sind uns darüber klar, daß ein Buch wie dieses kein Ersatz für ein professionelles Training sein kann. Darum raten wir Ihnen, daß Sie nach Möglichkeit an entsprechenden Trainings-Workshops teilnehmen, um Ihre Geschicklichkeit im Umgang mit diesen Techniken zu verbessern.

KAPITEL 1

DIE BEDEUTUNG VON RAPPORT

Überblick

In diesem Kapitel werden die Bedeutung von Rapport und seine Auswirkungen auf die Motivation und den Lernprozeß dargestellt. Schritt für Schritt ist beschrieben, wie Rapport erzielt wird. Die Übungen ermöglichen Ihnen, selbst Ihre Fortschritte zu beobachten und Ihren Erfolg zu überprüfen.

Begriffe

FEEDBACK – Die Information darüber, wie eine Aktion und/oder eine Situation individuell und subjektiv wahrgenommen wurde.

FEEDBACK-SCHLEIFE – Das Ergebnis einer Abfolge von Aktion und Reaktion: Der Stimulus ruft eine Antwort hervor, die als Bestätigung der Beziehung dient.

FÜHREN – Dies ist eine Technik, bei der der Lehrer den Schüler dazu bringt, sein Verhalten zu ändern. Zunächst gleicht sich der Lehrer dem Schüler an, dann verändert er jedoch seine eigene Haltung und veranlaßt den Schüler dadurch, sich ihm anzupassen. Beispiel: Der Lehrer atmet anfangs genauso schnell wie der Schüler, verlangsamt dann allmählich das Atemtempo, bis eine einigermaßen normale Geschwindigkeit erreicht ist.

KALIBRIEREN – Die Zuordnung des äußeren (externalen) Zustandes einer Person zu einer inneren (internalen) Verfassung.

KATEGORISIEREN – Ein Ereignis oder Verhalten wird in eine passende Kategorie eingeordnet.

RAPPORT

P A C E N (Angleichen) – Pacen bedeutet, daß der Sprecher die Prädikate des primären Repräsentationssystems des Gesprächspartners verwendet. Außerdem werden Körperbewegungen, Lidschlag u.a. angeglichen.

P R Ä D I K A T E – Verben, Adverbien und Adjektive, die einem oder mehreren Repräsentationssystemen zugeordnet werden können.

R A P P O R T – Eine Beziehung zwischen Personen, die durch Harmonie, Verständnis und gegenseitiges Vertrauen geprägt ist. Eine derartige Beziehung zwischen Lehrer und Schüler fördert optimales Lernen.

R E P R Ä S E N T A T I O N S S Y S T E M – Repräsentationssysteme sind Sehen, Hören, Fühlen, Schmecken und Riechen. Es ist wichtig, herauszufinden, in welchem System der Schüler seine Erfahrungen der Umwelt repräsentiert.
Beispiele:

1.) Ein auditiv veranlagter Schüler gewinnt Informationen hauptsächlich durch Zuhören. Bei der Kommunikation zählt für ihn das gesprochene Wort.
2.) Ein visuell begabter Schüler nimmt die Welt mit seinen Augen wahr; zum Denken und Erinnern verwendet er innere Bilder.
3.) Ein vorwiegend kinästhetischer Schüler erfühlt Wahrnehmungen; äußere und innere Stimuli werden anhand von Gefühlen eingeordnet. Seine Entscheidungen basieren primär auf Gefühlen.

SORTIEREN nach A U S W A H L K R I T E R I E N (*Sorting/Sorts*) – Das Individuum organisiert oder kategorisiert seine Beobachtungen und Reaktionen anhand seiner Auswahlkriterien. Beispiel: Jemand nimmt in einer Situation nur die positiven Aspekte wahr und übersieht die negativen.

SPIEGELN – Der Lehrer spiegelt den Schüler mit Lidschlag, Haltung, Atemtempo, Körperbewegungen, Sprache, usw. Beispiel: Wenn der Schüler die Lider bewegt, tut der Lehrer dies auch; verändert der Schüler seine Arm- oder Fußstellung, so folgt ihm der Lehrer auch darin.

ÜBER-KREUZ-SPIEGELN – Ein Gesprächspartner gleicht sich im Verhalten seinem Gegenüber an, doch mit unterschiedlichen Mitteln. Beispiel: Man paced den Atemrhythmus, indem man einen Fuß oder ein Bein im gleichen Takt bewegt.

SPRACHMUSTER – Wiederholt gebrauchte Wendungen und Sprechgewohnheiten ergeben ein individuelles Sprachmuster.

TONALITÄT – Eine Stimme läßt sich beschreiben anhand von Tonhöhe, Stimmumfang, Nasalierung usw..

DIE BEDEUTUNG VON RAPPORT

Rapport ist die Grundlage eines guten Unterrichts. Obwohl Rapport in der Literatur häufig als eine bedeutsame Variable genannt wird, gibt es kaum Forschung, die sich damit befaßt, wie Rapport erreicht und beibehalten werden kann! Dieses Kapitel veranschaulicht stufenweise, wie man Rapport erzielt und aufrechterhält.

Rapport, Beziehung und Kommunikation sind gebräuchliche Begriffe für die Beschreibung menschlichen Zusammenlebens. Hier wird ein neues Konzept zur Definition menschlichen Verhaltens vorgestellt, sowie Techniken, mit denen Verhalten beeinflußt werden kann. So wird der Lehrer in der Lage sein, die Schüler wirksamer und erfolgreicher zu motivieren. Und die Schüler erzielen durch die Verbesserung ihrer geistigen Leistungen und Veränderungen in ihrem Verhalten erstaunliche Resultate.

RAPPORT

Die folgenden Schritte helfen Ihnen, Ihre Begabung für Rapport und effektive Kommunikation auszubauen. Darüber hinaus sind sie auf alle Beziehungen anwendbar!

STUFE I: DIE BEDEUTUNG VON RAPPORT FÜR DIE MOTIVATION

Erinnern Sie sich an eine Situation, in der Sie gut gelernt haben, nicht etwa weil Sie das Fach gern hatten, sondern weil Sie den Lehrer mochten? Haben Sie schon einmal die Ansichten eines anderen verteidigt, nicht weil Sie mit ihm übereinstimmten, sondern weil Sie ihn bewunderten oder gern hatten? Haben Sie sich jemals gefragt, warum Sie sich zu bestimmten Personen hingezogen fühlten? Denken Sie darüber nach. Wahrscheinlich erkennen Sie als Hauptursache eine gewisse Ähnlichkeit und gemeinsame Interessen.

Webster (1985) erklärt *rapport* als eine Beziehung, die gekennzeichnet ist durch Harmonie, Übereinstimmung, Gleichklang und Anziehung. Will man guten Rapport haben, ist ein Gefühl von Einheit und Harmonie Voraussetzung. Grundsätzlich ist Gemeinsamkeit nötig – gegebenenfalls schafft man eine gemeinsame Basis. Ist diese geschaffen, so hat damit eine neue Beziehung begonnen. Damit sind die Rahmenbedingungen vorhanden, die Lernbereitschaft fördern.

Wenn zwischen Lehrer und Schüler Harmonie herrscht, ist es viel einfacher zu unterrichten. Beide arbeiten dann mit einem gemeinsamen Ziel vor Augen. Die Energien können zusammengefaßt werden, um mehr Wissen zu erwerben und angemessenes Verhalten zu erlernen. Rapport ist der Rahmen für Motivation. Rapport bildet die Basis für wirkungsvollen Unterricht.

Diese Überzeugung wird durch viele historische philosophische Lehren bestätigt. Aikido zum Beispiel, eine östliche Philosophie und Kunst der Selbstverteidigung zeigt, daß eine sehr kleine Person einen großen, aggressiven Partner kontrollieren kann. Der

Kleinere muß lernen, sich auf die Energie des Größeren einzustellen, sie umzuleiten und für sich zu nutzen. In ähnlicher Weise kann das Verhalten des Schülers umgelenkt werden zu produktivem Tun und Lernen, wenn der Lehrer ein harmonisches Verhältnis zum Schüler hergestellt hat. So kommt der Schüler zu neuen Erfahrungen und Kenntnissen.

Lehren bedeutet für die Erziehung, einen anderen zu neuen Erkenntnissen zu führen. Das Wort Erziehung (*education*) kommt vom lateinischen *educare*. „Educare" bedeutet „aus der Unwissenheit herausführen". Es ist Aufgabe des Lehrers, den Schüler zu neuem Wissen und neuen Erkenntnissen zu führen und ihm zu helfen, eine erfolgreiche, fähige, schöpferische und ausgeglichene Persönlichkeit zu werden. Erfolg macht Menschen produktiv; sie haben gelernt, ihre Wünsche auf allgemein annehmbare Weise zu befriedigen und sie dienen gleichzeitig dem Wachstum der Gesellschaft insgesamt. Erfolgreiche Individuen können sowohl alleine arbeiten als auch im Team. Sie leben in Harmonie mit anderen.

Wo fangen Sie nun an? Wie erreichen Sie Rapport? Um im Klassenzimmer eine harmonische Atmosphäre zu verbreiten, müssen Ähnlichkeit oder Gemeinsamkeit zwischen Lehrer und Schüler betont werden. Es ist nicht notwendig, sich wie die Schüler zu kleiden, wie sie zu sprechen und zu agieren, nur um ihre neueste Mode und die gerade gebräuchlichen Ausdrücke zu imitieren. Diese Ähnlichkeit oder Gemeinsamkeit wird durch „Spiegeln" erreicht, eine wichtige Grundlage für Rapport. Spiegeln bedeutet, daß der Lehrer das Verhalten des Schülers genauso oder ähnlich nachvollzieht, wodurch der Schüler sein Verhalten wie in einem Spiegel zurückreflektiert bekommt. Berührt zum Beispiel der Schüler die Stirn, so macht der Lehrer das gleiche; atmet der Schüler langsam, so verlangsamt auch der Lehrer sein Atemtempo. Wichtig ist, daß dieses Spiegeln so unauffällig und beiläufig wie möglich geschieht. Wird dieses Spiegeln eine Zeitlang durchgeführt, so nennt man es „Pacen" (angleichen).

RAPPORT

Pacen ist nötig, um Rapport herzustellen, es bildet die Basis für eine Beziehung. Rapport wird praktisch durch Pacen geschaffen. Viele Menschen fühlen sich wohl in Anwesenheit von Leuten, die ähnliche Charakterzüge aufweisen oder ähnliches Verhalten zeigen.

Es gibt verschiedene Wege, um jemanden zu spiegeln und zu pacen:
Atmung, Körperbewegungen, Sprachmuster, Gewohnheiten, Tempo, Tonalität, Stimmumfang, usw.. Hier soll erklärt werden, wie sich Atmung und Bewegungen eines anderen spiegeln und pacen lassen. Spiegeln und Pacen in diesen beiden Bereichen ergibt eine solide Grundlage für Rapport.

Beobachten Sie, wenn Sie einen Schüler zum ersten Mal sehen, seine Atmung und seine Bewegungen. Hören Sie ihm aufmerksam zu und merken Sie sich seine Interessengebiete. Um seinen Atemrhythmus herauszufinden, können Sie verfolgen, wie sich die Schultern des Schülers auf- und abbewegen, oder Sie achten auf Veränderungen an der Bekleidung. Als Hinweise können auch das Auf und Ab von Schmuck, Halstüchern und Kragen dienen. Fast alles, was um den Hals getragen wird, zeigt den Atemrhythmus an. Diesen können Sie dann pacen. Es läßt sich auch feststellen, wo geatmet wird (z.B. Brust-, Zwerchfell- oder Bauchatmung). Wichtig ist, sowohl das Atemtempo als auch die Art der Atmung zu pacen.

Wenn Sie die Atmung beobachtet und gepaced haben, richten Sie Ihre Aufmerksamkeit auf die Bewegungen des Schülers, um auch diese zu pacen. Wenn zum Beispiel der Schüler die Arme verschränkt, so tun Sie das ebenfalls ganz beiläufig. Bewegt der Schüler seinen Fuß, bewegt auch der Lehrer den Fuß. **Diese Beobachtungen und Aktionen müssen langsam und unauffällig erfolgen**, der Schüler darf nicht merken, daß er imitiert wird, sonst fühlt er sich vielleicht verspottet. Das Unterbewußtsein des Schülers registriert geschicktes, unauffälliges Pacen. Wenn der Lehrer das Verhalten des Schülers auf die beschriebene Art und Weise spiegelt, schafft er Übereinstimmung mit dem Schüler auf der unterbewußten Ebene.

Dieses Vorgehen ist die Basis für Rapport. Durch Spiegeln der Atmung und Bewegungen des Schülers schafft der Lehrer die Vorbedingungen, die ihm ermöglichen, das Schülerverhalten zu beeinflussen und zu ändern. Pacen durch Spiegeln, **eine Zeitlang ausgeführt**, erzeugt eine harmonische Atmosphäre.

Nach Spiegeln und Pacen ist der nächste Schritt, die Interessen des Schülers herauszufinden. Eine Unterhaltung über Interessengebiete kann ein guter Anknüpfungspunkt sein. Diese Art zu Pacen wird vom Schüler bewußt wahrgenommen. Der Lehrer hört dem Schüler zunächst aufmerksam zu. Ordnen Sie (in Gedanken) das, was der Schüler sagt, nach Kategorien, und merken Sie sich, welche Interessengebiete wiederholt genannt werden. Nach einiger Zeit werden Sie in der Lage sein, die Interessen automatisch zu kategorisieren. Dadurch erfahren Sie, durch welche Themen der jeweilige Gesprächspartner motiviert werden kann und können dies für Ihren Rapport nutzen.

Manchmal mag es nötig sein, spezielle Fragen zu stellen, dafür wird der Fragenkatalog (siehe Anhang 1) ganz nützlich sein. Der Lehrer kann auch äußere Merkmale (wie z.B. Abzeichen, Aufkleber, einen Ring oder einen bestimmten Kleiderstil, usw.) als Ansatzpunkt für eine Unterhaltung nehmen, um dadurch weitere Interessen herauszufinden.

Durch die Antworten auf diese Fragen erfährt der Lehrer Näheres über die Interessen des Schülers. Der Lehrer verschafft sich durch Einordnen und Kategorisieren der Interessengebiete einen besseren Überblick und kann so ein sehr persönliches Gespräch mit dem Schüler führen.

Eine andere Methode zu spiegeln und zu pacen ist die Verwendung genau der Wörter und Wendungen, die der Schüler gebraucht. Dabei verwendet man entweder genau die gleichen oder ähnliche Wörter wie der Schüler, oder man gibt den Inhalt dessen wider, was gesagt wurde. Schon die bloße wörtliche oder inhaltliche Wiedergabe dessen, was der Schüler sagte, verhilft zu Rapport. Dem Schüler wird dabei mitgeteilt: „Ich höre Dir zu; ich verstehe, was Du sagst; ich bin für Dich da." Achten Sie auf bestimmte Wörter, die der Schüler zur Darstellung von Ereignissen verwendet. Wenn der Schüler z. B. häufig den Ausdruck „super" gebraucht, flechten Sie diesen auch in Ihre Sätze ein.

Bewegung und Sprachmuster können kombiniert werden, um den Schüler zu spiegeln und zu pacen. Stellen Sie sich einen Schüler vor, der mit dem Kopf nickt und sagt: „Ja, das verstehe ich." Der Lehrer spiegelt, indem er zustimmend nickt und dem Schüler ähnlich antwortet (z. B. „Ja, verstanden."). Pacen kann man folgendermaßen beschreiben: es ist, als ob man sich in den Körper des anderen hineinbegebe, um dieser andere zu sein. Die Beziehung zwischen Lehrer und Schüler ist so harmonisch, daß das Wachstum und die Weiterentwicklung des Schülers gefördert werden können.

Wenn Sie nun gelernt haben, Atmung, Bewegungen, Interessengebiete und Sprachmuster zu pacen, können Sie noch Lidschlag, Tonalität und Stimmumfang dazunehmen. Nehmen Sie sich die Übungen am Ende dieses Kapitels vor, um Ihre Fähigkeiten beim Spiegeln und Pacen zu trainieren. Führen Sie diese Übungen aus, bis Sie auf dieser Stufe ein Gefühl von Selbstvertrauen und Kompetenz haben. Gehen Sie dann erst weiter zur nächsten Stufe.

STUFE II: MEHR ÜBER DAS PACEN

Pacen erzeugt nicht nur Rapport; Pacen schafft eine Verbindung zwischen Lehrer und Schüler. Der Lehrer begibt sich in das individuelle Modell der Welt, das sich der Schüler geschaffen hat. Das persönliche, einzigartige Glaubenssystem erklärt das Was, Wie und Warum dieses Individuums. Indem der Lehrer versucht, mit dem Schüler dessen Modell der Welt zu teilen, drückt er damit aus: „Du bist mir sympathisch, ich versuche Dich zu verstehen, und wir können zusammenarbeiten, ohne daß Du Angst haben mußt." Pacen ist eine Methode, um Rapport, eine angenehme Atmosphäre, Gedankenaustausch und Übereinstimmung zu erreichen, möglicherweise sogar Vertrauen und Glaubwürdigkeit.

Auch unerwünschtes und ungewöhnliches Verhalten kann man pacen. Unregelmäßige oder asthmatische Atmung, Ticks und unpassende Ausdrucksweise **dürfen nicht** genauso übernommen werden. Dafür eignet sich das Über-Kreuz-Spiegeln (cross-over mirroring). Dies liegt dann vor, wenn das Verhalten des Schülers mit anderen Mitteln gespiegelt wird. Anstatt zum Beispiel die unregelmäßige Atmung zu übernehmen, imitiert der Lehrer den Atemrhythmus durch die Bewegung eines Fingers. Achten Sie genau darauf, dasselbe Tempo einzuhalten. Wenn sich der Atem des Schülers verlangsamt, muß auch die Fingerbewegung des Lehrers langsamer werden. Diese Abstimmung ist entscheidend für den Rapport.

Über-Kreuz-Spiegeln wird Kreuz-Pacen (*cross-pacing*) genannt, wenn es eine Zeitlang durchgeführt wird. – Zur Erinnerung: Die Methode des Spiegelns über eine gewisse Zeitspanne wird Pacen genannt.

Um den Atem zu pacen, können eine Reihe anderer Bewegungen gemacht werden, z. B. mit dem Kopf oder mit den Beinen, kurzum was immer in der jeweiligen Situation natürlich und unauffällig scheint. Die Über-Kreuz-Technik macht es möglich, den Schüler zu pacen, ohne daß unangepaßtes Schülerverhalten imitiert werden müßte. (Es ist schon vorgekommen, daß vereinzelt Menschen als Ergebnis von Pacen selbst unangemessenes Verhalten zeigten. Dies ist jedoch nicht allgemein der Fall.)

Durch Über-Kreuz-Spiegeln meidet man die Gefahr, daß Pacen vom Schüler als Nachäffen aufgefaßt wird. Wenn z. B. ein Schüler

Abbildung 1
Über-Kreuz-Spiegeln liegt dann vor, wenn Sie ein bestimmtes Verhalten mit einem anderen Teil ihres Körpers spiegeln.

hastig atmet, kann der Lehrer diesen Rhythmus mit Fußbewegungen übernehmen.

Beschäftigen Sie sich mit den Übungen von Stufe II, bis Sie das Gefühl haben, daß Sie diese gut beherrschen. Mit Hilfe dieser Übungen entwickeln Sie Ihre Fähigkeiten beim Rapport und erweitern Ihre Geschicklichkeit beim Spiegeln und Pacen. Wie in anderen Wissenschaften, die auf der Erfahrung aufbauen, erhalten Sie den Beweis für die Wirksamkeit dieser Techniken nur über Ihre eigenen Erfahrungen.

STUFE III: DURCH FÜHREN ZU VERHALTENSÄNDERUNGEN

Nachdem Sie nun gelernt haben, zu spiegeln und zu pacen, kommt als nächster Schritt, daß Sie den Schüler zu neuem oder veränder-tem Verhalten führen. Dieses Führen ist ein Vorgang, wie er auch beim Tanzen vorkommt, wenn der Tanzschritt gewechselt wird. Zunächst gleicht ein Partner sich den Tanzbewegungen des anderen an; dann möchte er vielleicht die Führung übernehmen und einen neuen Schritt einführen. Der Übergang ist fließend und sehr erfolgreich, wenn vorher das Pacen gut klappte. Erinnern Sie sich: zunächst spiegelt der Lehrer eine Weile, so daß er zum Pacen kommt; es folgt Pacen, Pacen, Pacen und schließlich Führen. Dieses Muster wird **wiederholt**, wieder und wieder: Spiegeln, Pacen, Pacen, Pacen und Führen; Spiegeln, Pacen, Pacen, Pacen und wieder Führen.

Es ist sehr viel Pacen notwendig, bevor man führen kann. Wenn Sie beispielsweise eine Zeitlang den Schüler mit Atmung, Bewegungen und Stimme gepaced haben, versuchen Sie dann eine bestimmte Handbewegung und beobachten Sie, ob der Schüler diese in etwa nachmacht. Und während Ihre Stimme allmählich lauter wird, sollte auch der Schüler lauter sprechen.

Üben Sie diese Verhaltensbeeinflussung auch in anderen Bereichen, z. B. bei der Atmung, und Sie werden ähnliche Beobachtungen machen. Wenn ein Schüler sehr schnell spricht, spiegelt der Lehrer und paßt sich diesem Tempo an. Dann verlangsamt er sein Sprechtempo und beobachtet, wie auch der Schüler langsamer wird. Vergleichbar damit ist das Verhalten eines Säuglings, der seine Eltern streiten hört. Das Baby, noch zu klein, um die Worte zu verstehen, erfaßt jedoch den unterschiedlichen Tonfall und reagiert mit Weinen.

Die Wirksamkeit von Pacen und Führen als Methode zur Verhaltensänderung hat Janet Adler (1970) mit ihrer Arbeit bewiesen. Sie war in der Lage, die Kommunikationssperre bei autistischen Kindern durch Spiegeln und Pacen der Körpersprache dieser Kinder zu überwinden. Sie fand Zugang, indem sie die Welt der Kinder betrat. Sie kommunizierte mit ihnen ganz individuell durch Spiegeln und Pacen der Körperbewegungen. Wenn die Kinder in die Hände klatschten, machte sie das nach. Wenn sie liefen, lief sie genauso. Janet Adler spiegelte und glich sich so eng wie möglich an. Nachdem sie das eine beachtliche Zeit lang getan hatte, begann sie die Kinder durch die Entwicklungsstufen zu führen, die sie versäumt hatten. Bald waren die Kinder in der Lage, auf sie und andere zu reagieren, sie akzeptierten Berührungen und Zuneigung, sie nahmen Blickkontakt auf und waren schließlich auch bereit zu sprechen.

Nehmen Sie sich auch die Übungen Stufe III – am Ende des Kapitels – vor und trainieren Sie, bis Sie sich sicher fühlen.

STUFE IV: REPRÄSENTATIONSSYSTEME

Die Art und Weise, wie ein Individuum seine fünf Sinne gebraucht, ist maßgebend für seine Vorstellung von der Welt und sie ist ein wichtiger Hinweis für den Rapport. Aus der Kenntnis des Leitsystems des Schülers (visuell, auditiv, kinästhetisch, gustatorisch oder olfaktorisch) kann der Lehrer verstehen lernen, wie diese sensorischen Wahrnehmungen Einfluß haben auf die Art, wie der Schüler die Umwelt erkennt und interpretiert.

Alle fünf Sinne nehmen laufend Informationen auf. Jedoch bevorzugen die meisten Schüler (und die Menschen überhaupt) ein sensorisches System, durch das sie die Welt wahrnehmen und mit dessen Hilfe sie die Welt deuten. Die Repräsentation und Interpretation der Welt eines jeden Schülers unterscheidet sich aufgrund der unterschiedlichen Wege, auf denen sie erhalten wird. Die Erkenntnisse über die Welt und ihre Interpretation können durch Körpersprache, Verhalten und Sprache zum Ausdruck gebracht werden. Dadurch lassen sich Rückschlüsse auf das vom Schüler bevorzugte Repräsentationssystem ziehen. Auch ergeben sich daraus

Hinweise auf die vom Schüler angewendeten Strategien für Denkvorgänge und Entscheidungsprozesse.

Spiegelt man die Ausdrucksweise des Schülers, stellt man von dieser gemeinsamen Basis aus leicht Rapport her. Um seine Redeweise überhaupt spiegeln zu können, muß zunächst herausgefunden werden, auf welches Repräsentationssystem die von ihm gewählten Wörter hinweisen.

Menschliche Erfahrungen werden in der Weise beschrieben, wie sie wahrgenommen wurden, z. B. durch folgende Bemerkungen: „ich sehe ...“, „ich höre ...“ und „ich fühle ...“. Wörter, die Wahrnehmungen durch die fünf Sinne beschreiben, sind auch „außer meiner Sichtweite“, „sich einstimmen auf“, „eine heiße Zeit“ u.v.a. Wir nehmen unaufhörlich Dinge mit unseren Sinnen wahr, bewußt und unbewußt. Diese Wahrnehmungen verinnerlichen (internalisieren) wir und damit bestimmen sie unser Verhalten.

Unser Verhalten, unsere Reaktion ist nicht nur abhängig von der auslösenden Aktion oder dem Stimulus, sondern davon, wie diese sinnlich wahrgenommen und interpretiert werden. Verhalten wird weiterhin davon beeinflußt, wie der einzelne seine Interpretation in seinem Sprachsystem verschlüsselt und speichert. Bontrager (1958) stellt fest, daß die Art, wie sich jemand verhält und äußert, von den folgenden Variablen abhängig ist: von der Persönlichkeit und momentanen Verfassung des Individuums, der Beschaffenheit des Auslösers (Stimulus), der Art, wie das Individuum den Stimulus deutet, und schließlich davon, was der Einzelne aufgrund der vorangegangenen Schritte tut. Das folgende Diagramm veranschaulicht dieses Konzept:

RAPPORT

INPUT →	INTERPRETATION →	OUTPUT
Stimulus →	Wahrnehmung →	Verhalten
	Interpretation	
	Modalitäten (Sinne)	
	Konditionierung	
	Lernen	
	Erfahrung	

Denken Sie immer daran, daß die Wahrnehmungen jedes Schülers unterschiedlich sind. Deshalb ist es außerordentlich wichtig, darauf zu achten, wie jeder Schüler die Welt repräsentiert. Die Wörter, die der Schüler am häufigsten verwendet, zeigen sein Repräsentationssystem an. Deshalb sollte sich der Lehrer darauf konzentrieren, das Repräsentationssystem des Schülers zu spiegeln und zu pacen, um den Rapport weiter auszubauen.

Wie findet man das primäre Repräsentationssystem des Schülers heraus? Es zeigt sich in den Prädikaten, Verben, Adverbien und Adjektiven, die er zur Beschreibung seiner Erfahrungen benutzt. Gewöhnlich geschieht diese Auswahl auf der unterbewußten Ebene. Diese Prädikate lassen sich in die folgenden Kategorien einordnen:
1) visuell - schauen, sehen, sich vorstellen, etc.
2) auditiv - hören, sagen, zuhören, etc.
3) kinästhetisch - fühlen, berühren, begreifen, etc.
4) gustatorisch - schmecken, süß, sauer, etc.
5) olfaktorisch - riechen, Geruch, stinken, etc.

(Siehe auch Anhang 2, Liste mit weiteren Beispielen für Prädikate)

Ist das dominante oder primäre Repräsentationssystem des Schülers identifiziert, sollte der Lehrer sich bei dem Gespräch mit dem Schüler im gleichen Repräsentationssystem bewegen, um Rapport zu bekommen. Verwendet der Schüler Wörter wie schauen oder sehen, sollte auch der Lehrer visuelle Begriffe anwenden. Indem er das tut, spiegelt er das Repräsentationssystem des Schülers.

Damit betritt der Lehrer die Welt des Schülers und schafft so ein harmonisches Verhältnis.

Der Lehrer spiegelt den Schüler, indem er sich mit Prädikaten angleicht und erreicht so Rapport, was die Kooperation erleichtert und den Schüler zum Lernen motiviert. Ein Beispiel: Ein Lehrer schreibt unter den Bericht eines Schülers: „Ich s e h e im Text keine Beweise für deine Schlußfolgerung." Nach dem Unterricht unterhält sich der Schüler mit dem Lehrer: „Ich kann nur s a g e n, daß Ihnen bestimmt die Beweisführung entgangen ist, die in der Arbeit enthalten ist (denke ich jedenfalls), aber ich würde Ihnen gerne erklären, was ich g e s a g t habe." Der Lehrer antwortet darauf: „Ich muß das geschrieben s e h e n ; würdest du bitte bis morgen diesen zusätzlichen Abschnitt schreiben und bei mir abliefern." Daraufhin beschwert sich der Schüler bei den anderen, daß der Lehrer ihn nicht verstehe und ihm unnötige Zusatzarbeit aufgebe. Der Lehrer selbst hält sich für entgegenkommend, da er dem Schüler erlaubt, seinen Bericht zu ergänzen.

Der Schüler ist im auditiven Repräsentationssystem, was sich an den entsprechenden Prädikaten (s a g e n) zeigt. Der Lehrer ist im visuellen System, er s i e h t .

Im Sinne einer besseren Kommunikation und Kooperation sowie gegenseitigen Verständnisses wäre es gut, wenn sowohl Lehrer als auch Schüler flexibel genug wären, sich dem Repräsentationssystem des anderen anzugleichen. Speziell der Lehrer würde feststellen, daß der Schüler sich im auditiven Bereich bewegt und daher nicht so gut in der Lage ist, sich schriftlich über Ideen zu äußern. Der Lehrer wäre dann bereit, die zusätzlichen Erklärungen des Schülers anzuhören. Dann würde er den Bericht des Schülers besser verstehen. Die Motivation des Schülers ließe sich steigern und beide hätten ein Gefühl für Kooperation entwickelt.

Ein anderes Beispiel: Einer der Autoren beobachtete eine Gruppe von Lehrerstudenten. Ein Student mußte eine Geographiestunde vorführen. Er verwendete Karten und Bilder, um zu erklären, wo Brasilien liegt – von den USA aus gesehen. Ein Schüler hob mehrmals die Hand und sagte zum Lehrer, er könne nicht begreifen, wie es möglich sei, daß Brasilien im Süden der USA liege. Jedesmal gab der Lehrerstudent dem Schüler eine Erklärung, indem er auf die Karte zeigte; und jedes Mal zeigte der Schüler sich verwirrt. Schließlich ging der Autor zu dem Jungen, zeigte mit dessen Arm nach unten (Süden) und sagte: „Brasilien ist hier unten, südlich der Vereinigten Staaten. Fühlst du, daß die Vereinigten Staaten oben sind, so wie dein Arm nach oben geht, und Brasilien südlich, wie dein Arm nach unten geht." Der Schüler lächelte und sagte: „Ich fühle, daß das richtig ist."

In einem anderen Fall beobachtete der Autor einen Lehrer, der einem Schüler beibringen wollte, wie man „Phonetik" buchstabiert. Der Lehrer gab folgende Anweisungen: „Sprich jede Silbe des Wortes *phonics* aus." Daraufhin schrieb der Schüler *Fonics* an die Tafel. Der Lehrer wiederholte: „Sprich das Wort *phonics* aus." Der Schüler antwortete: „Es schaut nicht richtig aus, aber genauso klingt es."

Die Anweisung des Lehrers bezog sich auf den auditiven Bereich, den er selbst bevorzugte, worauf der Schüler auch richtig antwortete. Der Lehrer wollte jedoch eigentlich, daß der Schüler richtig buchstabierte und das Wort an die Tafel schrieb. Der Schüler wußte, als er *phonics* nach dem Klang buchstabierte, daß die Schreibweise „fonics" falsch aussah, sich aber richtig anhörte. Die Anweisungen des Lehrers hatten die Aufgabe nicht klar definiert. Und er bemerkte nicht, daß es schwerfällt, das Wort *phonics* - wie auch viele andere englische Wörter - richtig zu schreiben, wenn man sich auditiv orientiert.

In jedem dieser Beispiele wußte der Lehrer nichts von Repräsentationssystemen und konnte sie so auch nicht für einen effektiven Unterricht nutzen. Wenn der Lehrer auf das Repräsentationssystem des Schülers achtet, erhält er Hinweise darüber, wie der

Schüler sich Information zugänglich macht. Der Lehrer kann diese Kenntnisse nutzbringend anwenden, um so das Auffassungsvermögen des Schülers zu erweitern, um seine Arbeitsweise und sein Lernvermögen zu verbessern.

Nehmen Sie sich nun die Übungen von Stufe IV am Ende dieses Kapitels vor. Sie lernen dabei, das Repräsentationssystem der Schüler zu pacen.

STUFE V: SENSITIV WERDEN FÜR DAS FEEDBACK DER SCHÜLER

Rapport ist keine Einbahnstraße. Spiegeln und Pacen sind wichtig, aber der Lehrer muß darüber hinaus unbedingt die Reaktionen des Schülers auf sein eigenes Verhalten genau beobachten. Als Beispiel sei eine Vorlesung erwähnt, die einer der Autoren in einer kleinen Gemeinde im Süden der USA hielt. Zu Beginn des Vortrags erwähnte er Flüche, um die Sprache eines Kindes aus einem Behandlungszentrum zu beschreiben. Sehr schnell zeigten viele der Zuhörer Reaktionen; sie veränderten ihre Körperhaltung und ihren Atemrhythmus, einige bewegten den Kopf von einer Seite zur anderen. Die gesamte Zuhörerschaft zog sich schweigend in sich zurück. Obwohl diese vulgäre Sprache als ein Beispiel für eine Behandlungssituation diente, war der Rapport unterbrochen worden. Der Vortragende hatte den Rapport wiederherzustellen. Bei der Besprechung des Vortrages zeigte sich, daß 90% der Zuhörer die Flüche erwähnten. Dies zeigt, wie notwendig es ist, sensitiv zu sein für die Repräsentationssysteme sowohl von einzelnen als auch von ganzen Gruppen.

Verbessern Sie Ihre Aufnahmefähigkeit für sinnliche Wahrnehmungen! Erinnern Sie sich an Vorträge, die Sie entweder selbst hielten oder bei denen Sie zuhörten. Wie kamen Sie zu Ihrer Ansicht, daß das Publikum mit dem Vortragenden übereinstimmte oder ihn ablehnte, daß der Inhalt verstanden wurde oder unverständlich blieb? Gab es bestimmte Bewegungen, Kopfnicken oder Kopfschütteln oder Seufzer begleitet von heftigem Atmen? Zeigte der Vortragende, daß er sensibel war für die Reaktionen der Zuhörer? Reagierte er mit zusätzlichen Erklärungen, wechselte er das Tempo oder gab es vielleicht eine vorgezogene oder nicht vorgesehene Pause?

Wenn der Lehrer neuen Stoff erklärt, sollte er sich das dominante Repräsentationssystem des Schülers – das sich auch manchmal ändern kann – bewußt machen. Zunächst bietet der Lehrer den Stoff in dem von ihm bevorzugten Repräsentationssystem dar. Zeigt der Schüler Verständnisschwierigkeiten, dann wird der Lehrer sicher alles im Repräsentationssystem des Schülers erklären wollen.

Dabei muß der Lehrer das Feedback beachten. Der Lehrer muß sich auf den einzelnen Schüler, die Gruppe und/oder die Situation einstellen mit allen seinen fünf Sinnen, mit der Sprache, mit dem Verhalten, dem Tempo, mit seiner Vortragsart und dem Umfang des dargebotenen Stoffs. Der Lehrer muß Sensitivität entwickeln für alle Repräsentationssysteme, er muß das Feedback nutzen, sein Verhalten und seine Redeweise ändern, um mit einem Schüler oder einer Gruppe harmonische Kommunikation zu ermöglichen. Hat der Lehrer Rapport, erreicht er mit weniger Aufwand an Zeit und Energie mehr Wirkung.

STUFE VI: KALIBRIEREN

Kalibrieren ist eine weitere Methode, um Rapport zu schaffen. Kalibrieren bedeutet, daß man in der Lage ist, aus einem Verhalten des Schülers, das man beobachtet, auf seine innere Verfassung zu schließen.

Der Lehrer beobachtet z.B. an einem Schüler äußere Veränderungen, er sieht blaß aus. Das kann daraufhin deuten, daß der Schüler krank ist. Auf diese Weise entwickelt man die Fähigkeit, einen externalen Zustand einer entsprechenden internalen Verfassung

Abbildung 2
Durch Kalibrieren können Sie von Ihren Wahrnehmungen auf den inneren Zustand eines anderen schließen.

zuzuordnen. Kalibrieren – die richtigen Rückschlüsse zu ziehen aus genauen Wahrnehmungen – das erweist sich überall im täglichen Umgang mit Menschen als hilfreich.

Ein weiteres Beispiel: Der Lehrer beobachtet, daß ein Schüler mit dem Kopf nickt, wenn er ja sagt. Sieht der Lehrer das immer wieder, weiß er, daß Kopfnicken bei dem Schüler Zustimmung bedeutet. Wenn der Schüler jedoch auf eine bestimmte Frage hin nein sagt und mit dem Kopf nickt, konstatiert der Lehrer hier ein Verhalten, das nicht mit seinen bisherigen Beobachtungen, die er durch Kalibrieren gewonnen hat, übereinstimmt. Durch Beobachten des Verhaltens und Kalibrieren der Antworten erhält der Lehrer genauere Kenntnis des Charakters des Schülers, seiner Gefühle und vielleicht sogar seiner inneren Einstellung. Körpersprache und Bewegungen verraten gewöhnlich mehr über die wahren Absichten und Einstellungen als die Sprache selbst.

Nehmen Sie sich jetzt bitte die Übungen von Stufe VI vor.

Wichtig: Die Teilnehmer sollten bei allen Übungen immer wieder die Rollen vertauschen, damit jeder genügend Gelegenheit zum Üben erhält. Die Rolle des Schülers übernimmt auch ein Erwachsener.

STUFE I

Übung: **SPIEGELN**

ZIEL: Verbesserte Wahrnehmung von Details
Spiegeln
Pacen von Haltungsveränderungen

Teilnehmer: Lehrer (L.)
Schüler (Sch.)
Kommentator (K.)

Anleitung: L. und Sch. sitzen sich gegenüber. L. spiegelt Sch. und versucht zu pacen. K. steht hinter Sch. und beobachtet L.

Sch. soll über zwei Erlebnisse berichten; ein Erlebnis, an das er gerne denkt, und ein weniger angenehmes. Die mit diesen Erfahrungen verbundenen Gefühle sollen unterschiedlich sein. Während nun Sch. sein 1. Erlebnis beschreibt und Freude oder Begeisterung zeigt, muß L. sein Verhalten und seine Darstellungsweise spiegeln. Dasselbe tut L., wenn Sch. seine 2. Erfahrung schildert, wobei diesmal unangenehme Gefühle zum Ausdruck kommen sollten.

Dann wählt Sch. eine der beiden Erfahrungen aus und stellt sie nochmals dar. Währenddessen spiegelt L. wieder Verhalten und Ausdruck von Sch.. K. muß raten, welches der beiden vorigen Erlebnisse Sch. gewählt hat.

Übung: **RAPPORT AUFBAUEN**

ZIEL: Verbesserung der Wahrnehmung kleiner Bewegungen, was die Teilnehmer auch während einer Unterhaltung demonstrieren können.

RAPPORT

Matchen (anpassen, nachvollziehen) von Bewegungen, um Rapport zu halten.

Teilnehmer: Lehrer (L.)
Schüler (Sch.)

Anleitung: L. und Sch. sitzen sich gegenüber und beginnen sich zu unterhalten. L. beobachtet Sch., achtet besonders auf Körpersprache, Atmung, Sprechtempo und Stimmlage. L. beginnt mit matching und spiegeln und behält das auch bei, um den Rapport nicht zu unterbrechen. Manchmal ist es notwendig, daß L. eine kurze Pause macht, bevor er eine Bewegung von Sch. identisch nachvollzieht.

STUFE II

Übung: **MATCHEN UND MISMATCHEN**

ZIEL: Verbessern der Wahrnehmung
Flexibilität beim Matchen
Flexibilität beim Mismatchen

Teilnehmer: Lehrer (L.)
Schüler (Sch.)
Beobachter (B.)

Anleitung: Sch. wird aufgefordert, den Raum zu verlassen. L. bekommt die Aufgabe, sich mit Sch. zu unterhalten, sich jedoch nicht anzugleichen (mismatchen). B. soll den Atem von Sch. matchen. Wenn Sch. wieder im Raum ist, beginnt L. eine Unterhaltung mit Sch. (vorgegebene Zeit 3–5 Min.). Danach tauschen L. und Sch. ihre Beobachtungen aus.

Anmerkung: Wenn B. mit Sch. durch die Atmung Rapport erreicht hat, kommt es häufig vor, daß Sch. sich in der Unterhaltung mehr an B. wendet als an L..

Übung: **RAPPORT durch ÜBER-KREUZ-SPIEGELN**

ZIEL: Mehr Erfahrung beim Beobachten, Pacen und Über-Kreuz-Spiegeln.

Teilnehmer: Lehrer (L.)
Schüler (Sch.)

Anleitung: L. und Sch. sitzen sich gegenüber und unterhalten sich. L. spiegelt das Verhalten von Sch. und paced, diesmal mit Über-Kreuz-Spiegeln. Wenn Rapport erreicht ist, werden die Rollen getauscht.

STUFE III

Übung: **RAPPORT durch PACEN und MISMATCHEN**

ZIEL: Mehr Geschicklichkeit bei Rapport, bei Pacing und Führen.

Teilnehmer: Lehrer (L.)
Schüler (Sch.)
Beobachter (B.)

Anleitung: L. baut während einer Unterhaltung mit Sch. Rapport auf. Kurzfristig unterbricht L. den Rapport durch mismatching. Dann sucht L. wieder Rapport. B. beschreibt seine Beobachtungen. Danach teilen sich L. und Sch. ihre Gedanken und Gefühle mit – als Übung zum Kalibrieren.

RAPPORT

Übung: **RAPPORT durch PACEN und FÜHREN**

ZIEL: Mehr Geschicklichkeit beim Rapport und beim Pacing

Teilnehmer: Lehrer (L.)
Schüler (Sch.)
Beobachter (B.)

Anleitung: L. und Sch. besprechen eine enttäuschende Erfahrung. L. sollte sich Sch. angleichen mit Atmung, Körperbewegungen, Gesichtsausdruck, Augenbewegungen, Lidschlag, Sprechtempo, Haltung, etc. L. sollte zumindest einmal Über-Kreuz-Spiegeln anwenden. Wenn L. Rapport erzielt hat, sollte er in einem Punkt sein Verhalten ändern. Folgt Sch. seiner Führung, hat L. verstärkten Rapport erreicht. B. vermittelt seine Beobachtungen sinnesspezifisch, also z. B.: Der Atem von Sch. wurde mit der Hand von L. aufgenommen, Kreuz-Pacen der Kopfbewegungen von Sch. geschah durch Fußbewegungen von L.

STUFE IV

Übung: **REPRÄSENTATIONSSYSTEME und PRÄDIKATE**

ZIEL: Identifizierung des Repräsentationssystems einzelner Schüler anhand ihrer Sprache oder aus einem Text.

Teilnehmer: Lehrer (L.)
Schüler (Sch.)

Anleitung: Ein Gespräch zwischen L. und Sch.: Wie würde Sch. anderen helfen, wenn er eine Million DM hätte? L. merkt sich die von Sch. verwendeten Prädikate. Sch. soll dann einige Sätze zum selben Thema schreiben. L. markiert die Prädikate im Text und überprüft, ob Unterschiede zwischen gesprochener und geschriebener Sprache bestehen.

Dann werden die Prädikate folgendermaßen markiert:

A – auditiv
V – visuell
K – kinästhetisch
G – gustatorisch (Geschmack)
O – olfaktorisch (Geruch)

STUFE V

Übung: **SINNLICHE WAHRNEHMUNG**

ZIEL: Verbesserung der Fähigkeiten zu genauer Beobachtung

Teilnehmer: Lehrer (L.)
Schüler (Sch.)
Beobachter (B.)

Anleitung: L. und Sch. unterhalten sich. B. stellt fest, wann und wie beide in Sprache und Körpersprache aufeinander eingehen. B. achtet besonders auf Veränderungen bei L., wenn dieser auf Feedback von Sch. reagiert.
Reagiert L. auch im Gebrauch seiner Prädikate?

RAPPORT

Übung: **SINNLICHE WAHRNEHMUNG aus der METAPOSITION**

ZIEL: Mehr Übung im Kalibrieren auf der Basis genauer Wahrnehmung.

Teilnehmer: Lehrer (L.)
Schüler (Sch.)
Beobachter (B.)

Anleitung: L. gibt eine sinnesspezifische Beschreibung von Sch.. B. unterbricht, sobald unspezifische Bemerkungen unterlaufen. Eine sinnesspezifische Beschreibung enthält objektive Beobachtungen, keine Interpretationen.
Akzeptable Beobachtungen sind: Deine Augen sind geschlossen. Du hast Deine rechte Hand bewegt. Du hast in 3O Sek. zweimal gehustet.
Unakzeptable Beobachtungen: Deine Augen sind traurig. Du hast die Hände bewegt, weil Du nervös warst. Du schaust entspannt aus.

STUFE VI

Übung: **KALIBRIEREN**

ZIEL: Kalibrieren lernen auf der Basis sinnesspezifischer Daten.

Teilnehmer: Lehrer (L.)
Schüler (Sch.)

Anleitung: L. stellt mehrere Ja/Nein-Fragen an Sch.. (Bist Du Schüler? Kommst Du aus XY?) L. beobachtet Augen und Körpersprache von Sch., während er ja oder nein sagt. Sch. wird wieder gefragt, soll diesmal aber gelegentlich lügen. L. soll herausfinden, wann Sch. lügt und wann nicht.

KAPITEL 2

LERNBEREITSCHAFT

Überblick

In diesem Kapitel werden Techniken beschrieben, mit deren Hilfe Sie verstehen lernen, wie der einzelne Schüler sich selbst in einen Zustand bringt, in dem er entweder lernbereit ist oder Leistung verweigert. Dargestellt werden folgende Techniken: Ankern, die Einrichtung „magischer Punkte", das Stapeln von Ankern und das *Chaining*. Insbesondere wird deren Anwendung in der Erziehung und im Unterrricht behandelt.

Ankern ist eine Technik zum Konditionieren. Wenn Sie verstehen, wie Anker wirken, können Sie auch erfahren, wo, wann und wie spezielle Lernbehinderungen entstehen und wie sie beibehalten werden. Die Einrichtung magischer Punkte ist besonders nützlich, um mit dem Lernen verbundene negative Assoziationen aufzuheben. Das Verketten und Stapeln von Ankern ist speziell geeignet, um Hyperaktivität zu begegnen.

Begriffe

ANKERN – Bei diesem Vorgang verbindet sich ein äußerer Stimulus mit einem inneren Vorgang (ähnlich dem klassischen Konditionieren). Sobald der externale Stimulus erfolgt, wird ein bestimmter innerer Zustand hervorgerufen. Wenn Sie z. B. gerade zu schnell fahren und dann eine Polizeisirene hören, so ändert sich Ihr Zustand derart, daß Ihr Herzschlag und Ihre Atmung sich beschleunigen. Es ist ziemlich wahrscheinlich, daß derselbe oder ein ähnlicher Stimulus zu einer anderen Zeit dieselbe Reaktion hervorrufen würde. Anker können in jedem Repräsentationssystem verankert werden. Damit können sowohl positive als auch negative Zustände kontrolliert werden.

ANKER STAPELN – Mehrere Ereignisse werden mit einem speziellen Anker assoziiert. Diese Prozedur verstärkt die Wirkung dieses Ankers. Der Lehrer läßt z. B. den Schüler mehrere angenehme, entspannende Erlebnisse nacherleben und ankert alle an der gleichen Stelle – die entsprechende Reaktion ist sehr stark.

CHAINING (Anker verketten) – Dabei werden mehrere Anker eingerichtet. Jedes Glied dieser Kette erzielt eine spezielle Reaktion. Die Kette ist so aufgebaut, daß sie in mehreren Schritten zu dem gewünschten Zustand führt.

Ein Lehrer kann z. B. bei einem Schüler folgende kinästhetische Anker einrichten: Auf dem 1. Fingerknöchel der rechten Hand wird das Gefühl der Prüfungsangst verankert. Der 2. Anker auf dem nächsten Knöchel erinnert an einen vergangenen **ruhigen**, entspannten Zustand. Der Anker auf dem 3. Knöchel dient der Erinnerung an eine Zeit, als der Schüler erfolgreich und zuversichtlich war. Wenn der Lehrer die Knöchel der Reihe nach berührt, ruft er eine Kette von Reaktionen hervor: Angst ‹–› Ruhe ‹–› Selbstvertrauen. Ist der Schüler dann wieder einmal gehemmt durch Prüfungsangst, kann der Lehrer ihm – oder der Schüler kann es auch selbst – durch „Feuern“ der Kette von Ankern zu Ruhe verhelfen.

FUTURE PACING (Zukunftsüberbrückung) – Pacing für zukünftige Situationen. Man stellt sich eine zukünftige Streßsituation vor, und wie man sie mit Hilfe des Ankers bewältigt. *Future pacing* dient dazu, die Veränderungen, die während einer Therapie oder eines Gesprächs erreicht wurden, auf andere Situationen anzuwenden. Hauptziel des *future pacing* ist die Schaffung neuen Verhaltens und neuer Ressourcen für die Zukunft.

HYPERAKTIVITÄT – Sinnlose Bewegungen.

KONDITIONIERUNG – Ein Stimulus verbindet sich mit einer spezifischen Reaktion. Taucht derselbe Stimulus wieder auf, ruft er wiederum dieselbe Reaktion hervor; die Reaktion erfolgt quasi automatisch.

LERNBEREITSCHAFT

MAGISCHE PUNKTE – An diesen Stellen am Körper wurden positive Gefühle verankert. Bei Berührung dieser Punkte kann man sich an ein angenehmes Erlebnis erinnern und dabei das ursprünglich vorhandene Gefühl von Ruhe und Entspannung erneut empfinden. Diese Gefühle können dann geankert werden, indem eine bestimmte Stelle am Körper berührt wird. Dieser kinästhetische Anker oder „magische Punkt" dient dazu, eine positive Stimmung herbeizuführen, wenn dies gewünscht wird.

LERNBEREITSCHAFT

Ankern ist ein Vorgang, der einen externalen Reiz mit einem internalen Zustand paart. Taucht der ursprüngliche oder ein ähnlicher Reiz wieder auf, stellt sich auch der gleiche innere Zustand ein. Dieser Zustand kann produktiv sein oder die Produktivität hemmen.

Stellen Sie sich einmal vor, Sie fahren die Straße entlang und kommen an ein Stopschild. Was läuft jetzt in Ihnen ab? Vielleicht merken Sie, wie sich Ihr rechter Fuß zur Bremse bewegt, oder Sie sehen vor Ihrem inneren Auge ein Bild von einem Auto, das anhält; vielleicht hören Sie aber eine Stimme, die „Halt" ruft. Eine oder mehrere dieser internalen Reaktionen waren mit dem Stimulus Stop-Schild verbunden, so daß Sie nicht länger darüber „nachdenken" müssen, was Sie tun sollten. Sie tun es einfach. Dieser Vorgang der Assoziation eines äußeren Reizes mit einer internalen Reaktion wird im Neurolinguistischen Programmieren als Ankern bezeichnet.

„Magische Punkte"
Als Lehrer oder zukünftiger Erzieher überlegen Sie sicher, wie eine Umgebung aussehen muß, die zum Lernen anregt. Dabei denken

Sie dann an helle, freundliche Klassenzimmer und gutes Unterrichtsmaterial. Es ist bestimmt richtig, daß die Umgebung ein wichtiger Faktor für ein gutes Lernklima ist, aber die innere Einstellung des Lernenden hat den größten Einfluß auf Erfolg oder Mißerfolg.

Um mehr über den inneren Zustand eines Menschen zu wissen, ist das Verständnis des Ankerns wichtig. Anker ermöglichen dem Schüler eine angemessene Reaktion; der Anker (oder „magische Punkt") kann genutzt werden, um eine optimale innere Einstellung zum Lernen herbeizuführen.

Denken Sie einmal an eine Zeit zurück, als Sie etwas leicht und spielend lernten. Haben Sie ein solches Erlebnis gefunden, so begeben Sie sich hinein: sehen Sie, was Sie sehen, hören Sie, was Sie hören, und fühlen Sie, was Sie fühlen. Wenn Sie in die Erinnerung eintreten, achten Sie darauf, daß Sie alles assoziiert erleben, daß Sie tatsächlich sehen, hören und fühlen, daß Sie selbst noch einmal das Erlebnis von damals erleben. – Es reicht nicht, wenn Sie sich sehen oder erinnern, wie Sie damals gefühlt haben. – Sie sollen dieselben Gefühle und Wahrnehmungen erleben wie damals.

Wenn Sie diese angenehmen Gefühle wiedererleben, dann drükken Sie etwa 5 Sekunden Ihr Ohrläppchen. Sie lassen wieder los und nach etwa einer Minute berühren Sie die gleiche Stelle mit dem gleichen Finger genauso wie vorher. Sie werden bemerken, daß dasselbe Wohlgefühl von vorher wieder da ist. Die Berührung des Ohrs ist nun assoziiert mit einem spezifischen inneren Gefühl. Diese Gefühle von Ruhe und Entspannung können einen internalen Zustand vorbereiten, der für Lernen aufnahmebereit macht. Die Autoren haben diese Technik bei Kindern angewandt und dabei den Begriff „magische Punkte" eingeführt.

Wie „magische Punkte" funktionieren, mag folgende Erfahrung verdeutlichen. Eine zehnjährige Schülerin hatte große Angst vor Autoritätspersonen. Sie zitterte, wenn der Direktor nur den Raum betrat. Da der Lehrer die Technik der „magischen Punkte“ kannte, wandte er diese bei der Schülerin an.

Der Lehrer forderte sie auf, an ein Erlebnis zu denken, bei dem sie sich entspannt und zufrieden fühlte. Die Schülerin dachte an die Zeit, als sie mit ihrem Vater mit dem Zelt unterwegs war. Sie war unruhig und unsicher, da sie das Abendessen bereiten sollte. Nach dem Essen lobte ihr Vater sie, da sie unter so primitiven Umständen ein so gutes Essen gezaubert hatte. Sie erinnerte sich an das Gefühl von Ruhe und Zuversicht, wie sie am Feuer saß und das Abendessen für den folgenden Tag plante.

Der Lehrer beobachtete die Schülerin, wie sie das Ereignis nacherlebte und er forderte sie auf, mit dem Kopf zu nicken, wenn sie die Erinnerung ganz stark fühlte. Als sie nickte, sagte der Lehrer, sie sollte eine Weile bei ihren Gefühlen bleiben. Er berührte sie am linken Handgelenk und hielt die Stelle etwa 5 Sekunden. Dann ließ er ihre Hand los und klatschte nach einigen Sekunden in die Hände, um sie abzulenken. (Dies diente der Unterbrechung des Zustandes, den sie gerade wiedererlebt hatte.) Danach berührte er wieder ihr Handgelenk und beobachtete sie – um zu überprüfen, ob sich der angenehme Zustand wieder herbeirufen ließ. Tatsächlich zeigten sich die gleichen körperlichen Veränderungen wie Entspannung etc., die aufgetreten waren, als die Schülerin das Erlebnis in der Erinnerung durchlief.

Zur Bestätigung des Ankers fragte der Lehrer die Schülerin, ob die Berührung die mit dem Erlebnis verbundenen Gefühle zurückgebracht hatte, und sie konnte das bestätigen. Daraufhin zeigte der Lehrer ihr genau, wo und wie sie ihr Handgelenk drücken mußte, wenn sie in Zukunft diese Ressource benötigte. Dann bat er den Direktor, wieder einmal in die Klasse zu kommen. Als dieser den Raum betrat, berührte die Schülerin ihren Anker, genauso wie der Lehrer es ihr gesagt hatte. Sofort fühlte sie sich sicher und ruhig, trotz der Anwesenheit des Direktors.

Ankern ist ein sehr wirksames Mittel, um Ängsten zu begegnen. In diesem Beispiel konnte sich die Schülerin die Ressourcen Ruhe und Entspannung zugänglich machen, die sie im Zusammenhang mit dem Campingausflug erlebt hatte. Durch Ankern bzw. den „magischen Punkt" wurde dieses Gefühl mit dem Klassenzimmer und dem Direktor assoziiert. Dieses gute Gefühl der Sicherheit neutralisierte die Angst, die vorher mit der Person des Direktors assoziiert war. Die Schülerin war begeistert über diese neuen Ressourcen. Diese halfen ihr in vielen Situationen, die vorher angstbesetzt waren, sogar bei einer Mathematikarbeit am nächsten Tag.

DIE EINZELNEN SCHRITTE BEIM ANKERN

Im weiteren Verlauf ist die Abfolge der Schritte beim Ankern erläutert. Je mehr Sie das Ankern üben, desto natürlicher und unauffälliger werden Sie es durchführen können. Zunächst jedoch gehen Sie Schritt für Schritt vor:

1. Bauen Sie Rapport mit dem Schüler auf und halten sie Rapport.
2. Bitten Sie den Schüler, ein Erlebnis oder eine Situation zu finden, in der er angenehme Gefühle wie Freude, Glück, Zufriedenheit, etc., erlebte oder erlebt.
3. Bitten Sie den Schüler, sich genau an diese Zeit oder dieses Ereignis zu erinnern, sich das alles bildhaft vorzustellen und es im Detail noch einmal zu durchleben. Der Schüler soll sich ganz in die Szene und in seinen Körper hineinversetzen. Dann fordern Sie den Schüler auf: „Sieh, was du siehst, höre, was du hörst, fühle, was du fühlst. Wenn du wirklich in dem Erlebnis bist, bewege deinen kleinen Finger und bleibe im Gefühl." (Hierbei ist es wichtig, **Verben in der Gegenwartsform** zu verwenden.)
4. Bewegt der Schüler den kleinen Finger, berührt der Lehrer einen „magischen Punkt" (Handgelenk, Ohrläppchen, etc.), bleibt etwa 5 Sekunden an dieser Stelle und läßt dann wieder los. Wichtig ist, daß der Schüler diese Stelle selbst auch leicht

erreichen kann. Und diese Stelle wird damit der „magische Punkt" oder „Zauberpunkt" des Schülers.

5. Zur Überprüfung soll der Schüler nun seinen Zauberpunkt selbst berühren. Erlebt der Schüler nicht die gleichen angenehmen Gefühle wie vorher, dann wiederholen Sie die Schritte bis hierher. Überprüfen Sie auch, ob Sie die gleiche Stelle wie vorher mit etwa gleichem Druck berühren.

Ankern ist ein universaler Prozeß, der einen äußeren Reiz mit einem bestimmten inneren Erleben verbindet. So läßt sich verstehen, daß Lernen unbeabsichtigt und unbewußt mit unterschiedlichem inneren Erleben geankert wird. Einige dieser Erlebnisse fördern das Lernen, andere behindern es.

Auch ein bestimmter Platz (Stuhl, Pult), an dem der Schüler sitzt, kann einen Anker darstellen. Vielleicht hat ein Schüler an seinem Platz mehrere Mißerfolge erlebt. Lassen Sie den Schüler sich an ein anderes Pult setzen und herausfinden, ob das für ihn einen Unterschied macht. Ein Platz ist vielleicht ein Anker für Mißerfolg, ein anderer Anker für Erfolg. Durch einen Tausch des Platzes läßt sich der Mißerfolgsanker meiden.

Vielleicht haben Sie auch erlebt, daß Schüler bestimmte Lehrer nicht mochten; sie hatten äußerlich nichts Auffallendes an sich und waren sehr unterschiedliche Persönlichkeiten. Gewöhnlich gab es da einen visuellen Anker. Dieser Anker entstand irgendwann anläßlich eines unangenehmen Ereignisses. Wichtig ist, daß der Lehrer dies erkennt, den Anker findet und dem Schüler hilft, diesen zu verändern.

Anker und konditionierte Reaktionen, d.h. daß auf einen bestimmten Stimulus hin immer die gleiche Reaktion erfolgt, können zufällig entstehen: Dies ist erstens eine Erklärung dafür, wie Lernhemmnisse entstehen. Zweitens gibt es dem Lehrer die Gelegenheit, Änderungen im Rahmen von Ankerprozessen herbeizuführen. Wenn der Lehrer den Schüler beobachtet, ihn befragt und dadurch das Problem und den Anker herausfindet, kann er durch Ankern erwünschte Veränderungen beim Schüler bewirken. Es kommt vor, daß z. B. ein Schüler ärgerlich oder ängstlich wird, wenn der Lehrer im Unterricht laut spricht. Daraus läßt sich schließen, daß hier ein Anker vorhanden ist, der bewirkt, daß eine bestimmte Stimmlage oder Lautstärke beim Schüler immer diese Reaktion hervorruft.

So sind Verhaltensprobleme bei vielen Schülern das Ergebnis von Ankern, die durch Wiederholung verstärkt wurden. Anker können immer wiederkehrende Verhaltensprobleme erklären und auch korrigieren. Ein Schüler, der dann zu Streit und Gewalt neigt, wenn ihm der Lehrer oder ein anderer Schüler nahe kommt, assoziiert wahrscheinlich Nähe und Berührung mit Strafe oder Prügeln. So wird seine Angstreaktion jedes Mal hervorgerufen, wenn er die Hand des Lehrers auf sich zukommen sieht. Er geht in die Defensive, indem er streitsüchtig oder aggressiv wird. Der Lehrer erfährt sehr schnell, daß jeder Versuch der Berührung eine negative Reaktion hervorruft. Der Lehrer kann in Zukunft jede Berührung vermeiden oder er neutralisiert diesen Anker mit einem neuen. Dazu Näheres in Kapitel 4.

Ein weiteres, verbreitetes Beispiel für negative Anker ist der „sensible“ Schüler. Ein Schüler gilt als intelligent und fleißig. Bei einem bestimmten Lehrer jedoch ist er während des Unterrichts sehr still und in sich gekehrt.

In mehreren solchen Fällen haben die Autoren herausgefunden, daß der Lehrer mit seiner Stimme den Schüler an ein unangenehmes Ereignis zuhause oder anderswo erinnerte. Der Tonfall oder die Stimme ist für den Schüler mit unangenehmen Gefühlen verbunden. Wenn der Schüler den Stimulus – Tonfall oder Lautstärke der Stimme des Lehrers – hört, so taucht die negativ verankerte Erfahrung aus der Vergangenheit auf und das Ergebnis ist der "stille“ Schüler mit seinem Rückzugsverhalten.

LERNBEREITSCHAFT

Dasselbe Phänomen kann sich zeigen, wenn der Lehrer einen bestimmten Gesichtsausdruck zeigt. Manche Schüler reagieren aufgrund eines Negativankers, der mit einem bestimmten Gesichtsausdruck assoziiert ist. Das kann der Fall sein, ohne daß Lehrer oder Schüler davon wissen.

Ein Beispiel: Ein Schüler war bisher recht erfolgreich in seinen Klassenarbeiten. Aus unbekannten Gründen geht eine Arbeit daneben. Der Lehrer ermahnt den Schüler wegen der schlechten Klassenarbeit. Und wenn die Eltern von der schlechten Note hören, tadeln auch sie den Schüler.

Wenn der Schüler das nächste Mal eine Arbeit schreibt, taucht die Erinnerung an den Tadel von Lehrer und Eltern wieder in seinen Gedanken auf. Er zeigt Anspannung und seine Angst wächst. Wenn der Lehrer dem Schüler das Blatt mit den Aufgaben übergibt, **meint** der Schüler beim Lehrer denselben strengen Blick zu sehen wie nach der schlechten Arbeit. Seine Angst und Anspannung wachsen. Dies ist ein Beispiel für einen visuellen Anker. Der Lehrer bemerkt dann noch zum Schüler – im gleichen Tonfall wie beim letzten Mal – er solle diese Arbeit besser machen als die letzte. Dieser auditive Anker verstärkt die Angst des Schülers noch einmal. Der Blick und die Stimme rufen dasselbe unangenehme Gefühl von Unsicherheit oder Angst hervor wie vorher, als der Schüler getadelt wurde. Und diese Unsicherheit bzw. Angst behindert den Schüler in seiner Arbeit. Natürlich geht die Arbeit wieder daneben.

Auf diese Weise ist nun ein Teufelskreis von Negativankern etabliert. Wird der Schüler nun wieder ermahnt, so wird er wahrscheinlich weit unter seinem Leistungsniveau bleiben. Und dies geschieht alles, weil mit Klassenarbeiten nun unangenehme Gefühle verbunden sind. Wenn der Schüler in der Folgezeit den strengen Blick des Lehrers sieht oder seine laute Stimme hört, ruft dies in ihm jedes Mal unangenehme Gefühle wach, die seine Leistung hemmen.

Lehrer müssen sich dieses Vorgangs bewußt sein, dann können sie es vermeiden, negative Anker hervorzurufen. Und noch wichtiger: den Schülern muß gezeigt werden, wie sie solche negativen Anker und die daraus resultierenden unguten Gefühle aufheben, verändern oder umkehren können.

Nachdem sie nun einiges über das Ankern wissen, fragen sie möglicherweise: „Sollen wir vielleicht Roboter werden?" und unsere Antwort ist „Nein". Auch ein wie ein Roboter agierender Lehrer würde bei den Schülern Anker setzen, auch wenn er seine Stimme nie verändern würde, den Gesichtsausdruck nie wechseln und keinen Schüler persönlich ansprechen würde. Tatsächlich wäre es das Beste, wenn der Lehrer genau das Gegenteil von einem Roboter wäre.

Die Autoren schlagen vor, daß Sie sich als Lehrer genau beobachten und die Schüler beobachten, daß Sie Stimme, Gesichtsausdruck und Berührungen variieren. Beobachten Sie die Reaktionen bei den Schülern, mit denen Sie sich unterhalten und die Sie unterrichten. Dann wissen Sie auch, welche Stimuli Sie den Schülern bieten sollten. Wenn Sie die Reaktionen kalibrieren können, dann sehen Sie auch, welche Aktion welche Reaktion hervorruft. Auf diese Weise können Sie Zustände ankern, die dem Lernen förderlich sind. Dies ist der Ansatzpunkt für einen effektiven Unterricht.

HYPERAKTIVITÄT und ANKERN

„Wenn sie nur ruhig wären, dann könnten wir wenigstens arbeiten." Diesen Aufschrei hört man heute häufig im Klassenzimmer. Von allen Problemen, denen Lehrer in ihrem Bemühen, Schülern etwas beizubringen, gegenüberstehen, ist Hyperaktivität ein häufig zu beobachtendes Hindernis.

Hyperaktivität (im Zusammenhang mit Erziehung) läßt sich nur schwer definieren, denn was der eine Lehrer als Hyperaktivität bezeichnet, das nennt der andere „jugendliches Temperament".

LERNBEREITSCHAFT

Wenn ein Lehrer die Aktivität im Klassenzimmer als dem Lernen förderlich betrachtet, so ist es einem Kollegen zu laut, dem anderen noch zu ruhig. Es ist jedoch weder notwendig noch wünschenswert, eine allgemein gültige Definition zu finden, die für die Mehrzahl der Lehrer akzeptabel ist. Für den Zweck dieses Buches genügt es, wenn jeder Leser für sich den Rahmen dessen absteckt, was er Hyperaktivität nennt. (Wir stimmen im allgemeinen überein, daß Hyperaktivität fortgesetzte, ziellose Bewegung ist.)

Es ist wichtig, daß Lehrer und Schüler gleichermaßen individuelle Unterschiede akzeptieren. Wenn also ein Lehrer das Gefühl hat, daß bei einem bestimmten Maß an Unruhe bzw. Aktivität seine Schmerzschwelle überschritten ist, dann ist dies eben die Grenze, die die Schüler in seinen Stunden nicht überschreiten sollten. Erwartungen und Richtwerte für Disziplin bewegen sich um einen Mittelwert, und daraus resultieren dann ein Übermaß an Kontrolle bei einigen Lehrern in einigen Klassen und bei anderen zu lasche, permissive Haltung.

Im Grunde ist der Lehrer verantwortlich dafür, in seinem Klassenzimmer selbst die Grenzen zu bestimmen und diese auch den Schülern zu vermitteln. Lehrer und Verwaltung möchten vielleicht gemeinsame, aber dennoch großzügige Richtlinien entwickeln; es bleibt jedoch die Aufgabe des Lehrers, in seinen Klassen angemessen und flexibel zu handeln. Andererseits können die Schüler dabei lernen, sich innerhalb bestimmter Grenzen in ihrer Aktivität den unterschiedlichen Auffassungen der Lehrer anzupassen.

Ankern kann helfen, das Ausmaß an Aktivität bei einzelnen Schülern zu verringern oder zu vergrößern. Der Lehrer stellt fest, daß sich Assoziationen unbewußt gefestigt haben und dadurch das Verhalten, das eigentlich unterlassen werden sollte, fest verankert wurde. Beispielsweise rufen die Tage vor großen Ferien bereits Assoziationen von viel Bewegung und Unterhaltung hervor. Ganze Schülergenerationen wurden vor Weihnachten überaus aktiv. Bilder, Geräusche und Gerüche von Weihnachten stellen die gedankliche Verbindung zu vielen Aktivitäten her. Die schulische Situation ändert sich und bestimmte, sonst verbotene Dinge sind erlaubt, „es ist Weihnachten". Verständlich, daß die Schüler testen, wie weit sie gehen können, und daß dadurch mehr Probleme entstehen als üblich.

Zu anderen Zeiten geschieht genau das Gegenteil. Die Zeit vor den Zeugnissen ist durch einen geringeren Grad an Unruhe gekennzeichnet. Die Assoziation mit Arbeiten und Zeugnissen schafft andere Anker, die einen niedrigeren Grad an Aktivität zur Folge haben. Offensichtlich folgen diese Veränderungen denselben Prinzipien des Ankerns – ungeachtet der individuellen Definition für Aktivität und Hyperaktivität.

Zu manchen Zeiten verstärkt eine Kombination von Assoziationen die Ankerwirkung ganz gewaltig. Denken Sie nur an die Gefühle von Begeisterung und die Hyperaktivität bei den Zuschauern eines sportlichen oder unterhaltsamen Ereignisses. Der Applaus der Menge (auditiv), das Betrachten des Geschehens (visuell), und die Gefühle für die eigene Mannschaft (kinästhetisch), all das zusammen kann auch sonst ruhige Menschen jeden Alters veranlassen, sich wie begeisterte Teenager bei einem Rockkonzert zu verhalten.

Wenn Sie es mit einer Lernsituation zu tun haben, werden Anker doppelt wichtig. Einmal können Anker ein wesentlicher Teil des Verhaltens selbst sein. Ein Schüler, der im Klassenzimmer herumläuft, wird durch die Selbst-Stimulation dieser Aktivität nur noch wilder. Die Aktivität selbst ankert noch mehr Aktivität. Das Verhalten wird dadurch selbst-erhaltend. Zweitens kann auch die Haltung der Umgebung auf diese Hyperaktivität ein Anker sein; schon der Gedanke an die Reaktionen kann die Hyperaktivität hervorrufen und aufrechterhalten.

Wenn zum Beispiel ein Schüler nicht auf seinem Platz bleibt und im Raum umhergeht, so erhält er wiederholte kinästhetische Kontakte, visuelle und auditive Aufmerksamkeit vom Lehrer und den anderen Schülern. Die Komplexität einer solchen Atmosphäre erschwert das Isolieren einzelner Anker. Sehr wahrscheinlich wird dieses Verhalten dadurch verstärkt, daß viele Anker in allen Repräsentationssystemen gestapelt werden. Deshalb ist es nützlich, die einzelnen Anker systematisch zu isolieren, um sie einzeln zu nutzen für die Disziplin im Klassenzimmer.

Wenn der Lehrer feststellt, daß der Schüler sich ruhig verhält, sollte er diesen Zustand beim Schüler ankern (visuell, auditiv und kinästhetisch, falls möglich). Gewöhnlich muß bei unruhigen Schülern dieser Vorgang mehrere Male wiederholt werden. (Vergewissern Sie sich, daß sie das Ankern jedes Mal gleich durchführen.) Wenn der Schüler unruhig wird, so feuern sie die etablierten Anker und beobachten die Auswirkung auf sein Verhalten.

Anker verketten (*Chaining*)

Die bisher beschriebene Technik ist wirkungsvoll, wenn Hyperaktivität eingedämmt werden soll. Es gibt jedoch noch eine fortgeschrittene Strategie für das gleiche Problem. Dabei arbeitet der Lehrer mit dem Schüler, um eine Ankerkette zu finden. Diese neuen Anker setzt der Schüler selbst, wenn notwendig. Mit dieser Strategie können hyperaktive Schüler einen Weg finden, sich selbst in einen Zustand zu versetzen, in dem sie konzentriert und produktiv arbeiten oder ruhig sind.

Diese neuen Reaktionen sollen an Stelle des unerwünschten Verhaltens treten. Die neuen Reaktionen werden mit dem Schüler geübt, so daß das neue Verhalten bald Teil einer neuen Kette ist. Dieses neue Verhalten wird dann bei Auftreten des alten Ankers einsetzen. Dies erinnert an die Aufforderung, erst bis zehn zu zählen, wenn man sich ärgert, bevor man etwas sagt oder tut. In den nächsten Abschnitten ist die Vorgehensweise bei der Schaffung einer neuen Reaktionskette beschrieben.

Schritt I

Wenn ein chronisch hyperaktiver Schüler wieder einmal durch sein Verhalten auffällt, verabredet der Lehrer ein Gespräch mit ihm unter vier Augen. Der Lehrer beschreibt das speziell unangepaßte Verhalten sehr genau. Es muß so präzise dargestellt werden, daß entweder der Lehrer oder der Schüler es imitieren könnten. Dabei muß der Lehrer unbedingt mit dem Schüler Rapport halten.

Schritt II

Nachdem das störende oder unangepaßte Verhalten genau spezifiziert ist, findet der Lehrer im Gespräch mit dem Schüler mögliche alternative Verhaltensweisen, die für beide Seiten akzeptabel sind. Dabei entwickeln beide gemeinsam ein neues Verhaltensziel, z. B. ruhige Konzentration, das gemeinsam erarbeitet wird. Denken Sie daran: das neue Verhaltensziel muß gemeinsam entwickelt, klar beschrieben und von Lehrer und Schüler verstanden sein.

Schritt III

Da nun sowohl das unerwünschte Verhalten als auch das neue Verhalten identifiziert sind, kann die Kette vervollständigt werden. Jetzt wird der Schüler befragt, welche Zwischenschritte er braucht, um von seinem Fehlverhalten (Stufe A) zum erwünschten Verhalten (Stufe C) zu kommen. Dies läßt sich folgendermaßen illustrieren:

Stufe A →	Stufe B →	Stufe C
Hyperaktivität	Verbindungsschritte, vom Schüler mit Hilfe des Lehrers zu finden	Ruhige Konzentration

Der Schüler beschreibt dann mit Hilfe des Lehrers Stufe B. Sie finden z. B. heraus, daß Ruhe und Entspannung ein geeigneter Zwischenschritt ist, um in den Ressourcezustand zu kommen. Damit läßt sich die Kette vervollständigen:

Stufe A →	Stufe B →	Stufe C
Hyperaktivität	Ruhe und Entspannung	Ruhige Konzentration

Schritt IV
Nachdem die Schrittfolge feststeht, kann der Lehrer die neue Kette ankern. Wieder ist es absolut notwendig für den Lehrer, mit dem Schüler Rapport zu halten.

Zuerst erinnert sich der Schüler an den Zustand, der als Hyperaktivität beschrieben wurde. Der Lehrer unterstützt dies mit den Worten: „Gehe in Deinen Körper und sieh, was du siehst, höre was du hörst, fühle was du fühlst. Wenn du alles wiedererlebst, bewege den kleinen Finger.“ Daraufhin berührt der Lehrer den ersten Fingerknöchel der rechten Hand des Schülers (oder eine andere passende Stelle zum Ankern). Dieser Druckpunkt ist der kinästhetische Anker für Hyperaktivität.

Dieser Anker wird überprüft: Der Lehrer berührt den Anker und befragt den Schüler nach seinen Gefühlen. Beschreibt der Schüler hier seine Hyperaktivität, so sitzt der Anker richtig.

Zusätzlich zu den Worten des Schülers achtet der Lehrer auf körperliche Veränderungen. Das können sein Veränderungen des Atemtempos, der Haltung, der Hautfarbe oder des Gesichtsausdrucks. Diese Beobachtungen sind zusätzliche Information für den Lehrer. Damit kann sich der Lehrer im Verhalten angleichen, wenn der Anker ausgelöst wird.

Schritt V
Jetzt kann der Lehrer zu Stufe B, Ruhe und Entspannung übergehen. Der Schüler soll an eine Zeit denken, da er sich ruhig, sicher und entspannt fühlte. Er wird aufgefordert, sich in dieses Erlebnis „hineinzubegeben". Der Lehrer führt wieder mit den Sätzen: „Gehe in Deinen Körper hinein, so wie Du damals warst. Sieh, was du siehst, höre was du hörst, fühle was du fühlst." Ist der Schüler in seinem Erlebnis, drückt der Lehrer den zweiten Knöchel der rechten Hand. Nach einigen Sekunden wird auch dieser Anker getestet.

Schritt VI
Mit derselben Prozedur wird der Endzustand „ruhige Konzentration" (Stufe C) etabliert. Der Lehrer überzeugt sich, daß der Zustand, den der Schüler beschreibt, auch wirklich übereinstimmt mit ruhiger Konzentration. Dieser letzte Schritt wird auf dem dritten Knöchel geankert und danach getestet.

Schritt VII
Der Lehrer erweitert jetzt die bisher drei Stufen der Kette um eine weitere; er fordert den Schüler auf, sich sein Verhalten in der Zukunft vorzustellen. Der Schüler beschreibt eine Zeit oder eine Situation, in der er diese Kette brauchen könnte. Hat er eine solche Situation gefunden, fordert ihn der Lehrer auf, noch einmal in den Zustand ruhiger Konzentration zu gehen. Ist dies erreicht, drückt der Lehrer den vierten Knöchel der rechten Hand des Schülers. Diese Technik des *future pacing* (Blick in die Zukunft) vollendet die Kette.

Schritt VIII
Nachdem nun alle Anker gesetzt sind, löst der Lehrer sie der Reihe nach aus; er drückt den ersten Knöchel, den zweiten, den dritten und den vierten, und der Schüler durchlebt gefühlsmäßig einen Zustand nach dem anderen; der Übergang gelingt ohne Schwierigkeiten. Es ist wichtig, daß die Anker **nacheinander** ausgelöst werden. Werden zwei Anker gleichzeitig ausgelöst, führt das zu einem

Verschmelzen der zwei Ankerzustände. *Chaining* ist ein Fortschreiten (von - bis), kein Verschmelzen oder Auflösen eines Zustandes in einem anderen. Der Lehrer wiederholt die Sequenz viermal, jedes Mal etwas schneller.

Zusätzlich benennt der Lehrer, während er den Anker drückt, den jeweiligen Zustand. Während er z. B. den 2. Knöchel drückt, sagt er „Ruhe und Entspannung", beim 3. Knöchel „ruhige Konzentration" und dasselbe wiederum beim 4. Knöchel. Dieser letzte Anker wird von Sequenz zu Sequenz etwas länger gehalten. Dadurch kommt zu dem kinästhetischen der auditive Anker, was die Wirkung erhöht.

Zur weiteren Verstärkung kann man den Schüler auffordern, selbst mit der linken Hand die Anker auf der rechten zu setzen. Der Prozeß wird so wiederholt, indem jetzt der Schüler selbst ankert. Oder der Lehrer führt die Finger der Schülers durch den Ankerprozeß und wiederholt die einzelnen Schritte.

Taucht dann in der Klasse wieder ein Anlaß für das störende Verhalten des Schülers auf, soll der Schüler seinen „Ruheknopf" drükken, seinen 4. Fingerknöchel. Damit wird das wünschenswerte Verhalten hervorgerufen.

Diese Technik bietet viele Anwendungsmöglichkeiten. Wenn Sie die Technik anwenden und sich dadurch Geschicklichkeit erwerben, so eröffnen sich Ihnen von selbst viele weitere Anwendungsbereiche.

ÜBUNG I

SELBSTVERTRAUEN ANKERN

ZIEL: Für seine Arbeit mit den Schülern ankert der Lehrer die Ressource „Selbstvertrauen".

Teilnehmer: Lehrer (L.)
Schüler (Sch.)

Anleitung: L. beobachtet Sch. in Situationen, in denen dieser Selbstvertrauen verspürt, wie z. B. beim Spiel, im Gespräch mit Freunden oder wenn er Erfolg hatte.
L. sammelt Beobachtungen aus den oben angegebenen Situationen, um herauszufinden, welche äußeren Anzeichen auf ein hohes Maß an Selbstvertrauen hinweisen. Wenn Selbstvertrauen sehr deutlich sichtbar oder bemerkbar wird, drückt L. leicht die Schulter von Sch.. L. wiederholt dies mindestens dreimal und stapelt damit Anker auf Anker. Das ergibt starke Ressourcen.

Wenn Sch. dann später Schwierigkeiten hat, ruft L. den Anker „Selbstvertrauen" auf, indem er die gleiche Stelle drückt.

LERNBEREITSCHAFT

ÜBUNG II

EIGENE ANKER SETZEN

ZIEL: Den Zustand von Ruhe, Entspannung bei sich selbst ankern
Selbstvertrauen ankern

Teilnehmer: Lehrer

Anleitung: Finden Sie eine Situation, in der Sie sich entspannt und/oder zuversichtlich fühlten. Stellen Sie sich vor, Sie wären jetzt in dieser Situation, sie fühlten sich ruhig und zuversichtlich.
Wenn Sie dies intensiv sehen, hören und fühlen, ankern Sie, indem Sie eine bestimmte Stelle berühren. Lassen Sie kurz los und wiederholen Sie dann die Berührung: Können Sie daraufhin Entspannung und Zuversicht verspüren, dann haben Sie erfolgreich geankert.
Stapeln Sie auch weiterhin positive Erlebnisse, indem Sie diese in der beschriebenen Weise ankern. Testen Sie den Anker, wenn Sie den Wunsch nach Entspannung und Zuversicht verspüren.

KAPITEL 3

DIAGNOSTISCHE ÜBERSICHT DER REPRÄSENTATIONSARTEN : WIE DAS GEHIRN ARBEITET

Überblick

In diesem Kapitel wird ein Modell vorgestellt, das erklärt, wie Erinnerungen Gefühle auslösen.

Die eine Methode ist die Assoziation. Das Gehirn stellt zwischen verschiedenen Zuständen – positiven oder negativen – eine Verbindung her. Bei der positiven Assoziation werden Erinnerungen wachgerufen, die mit angenehmen Gefühlen assoziiert sind. In der negativen Assoziation erinnert das Gehirn vergangene negative Erlebnisse. Ein Beispiel: An Ihrem Arbeitsplatz ereignete sich ein unangenehmer Zwischenfall. Auf dem Heimweg denken Sie darüber nach und gehen das Ereignis noch mehrmals durch. Wie oft und wie stark Sie das nacherleben, ist individuell verschieden.

Die andere Methode ist die Dissoziation. Diese Art der Erinnerung hält Distanz zu positiven und zu negativen Ereignissen. Wenn sie in dieser Weise über die Erlebnisse eines Tages nachdenken, sind Sie gefühlsmäßig wenig oder gar nicht beteiligt. Je nach Kontext haben beide Methoden Vor- oder Nachteile. Aufgabe des Lehrers ist es, eine innere Einstellung zu fördern, die für das Lernen optimal ist.

Begriffe

POSITIVE ASSOZIATION – Der Einzelne durchlebt noch einmal die Gefühle, die mit einem vergangenen angenehmen Ereignis verbunden sind. Beispielsweise denkt eine Mutter mit Wärme und Stolz an eine besondere Leistung ihres Kindes.

REPRÄSENTATIONSARTEN

POSITIVE DISSOZIATION (von engl. *disassociation*) – Ein positives Ereignis wird erinnert, indem es aus dem Blickwinkel eines Zuschauers betrachtet wird. Auf diese Weise sind die Gefühle weniger intensiv. Beispiel: Jemand denkt an eine glückliche Zeit in der Art, daß er diese angenehme Erfahrung wie einen Film vor seinen Augen ablaufen läßt. Bei dieser Perspektive führt die Dissoziation zu weniger intensiven Gefühlen.

NEGATIVE ASSOZIATION – Dabei werden negative Gefühle wiederbelebt, als ob das Ereignis noch einmal stattfände. Wenn eine Frau, die überfallen wurde, negativ assoziiert, so erlebt sie die Angst und den Schrecken wieder wie beim ersten Mal.

NEGATIVE DISSOZIATION – Ein unangenehmes Ereignis wird nur mit Distanz, wie in einem Film ablaufend, erinnert. Die überfallene Frau würde auf diese Weise das Geschehen wie einen Film mit dissoziierten Gefühlen erleben. Dadurch sind die ursprünglichen starken, negativen Gefühle abgeschwächt.

KOMBINATION NEGATIV ASSOZIIERT – POSITIV DISSOZIIERT – Ein Muster, bei dem ein Individuum sich an unangenehme Erlebnisse assoziiert erinnert und an angenehme dissoziiert. Dadurch werden die guten Gefühle wenig intensiv verspürt, die unangenehmen Gefühle überwiegen.

ASSOZIIERT ERINNERN

Um die Unterschiede zwischen assoziiertem und dissoziiertem Erinnern zu verstehen, betrachten Sie bitte zunächst Abbildung 3. Betrachten Sie das Bild und lesen Sie erst dann im Text weiter.

In Abbildung 5 erinnert sich die Frau an eine Szene in einem Restaurant. Sie erinnert die Szene bildlich: aus ihrem eigenen Blickwinkel sieht sie ihre Hand um das Glas Eistee und den Kell-

Abbildung 3

ner, der vor ihr ein Tablett am anderen Ende des Tisches abstellt. Folgt man dieser Erinnerung weiter, sieht die Frau, wie sich das Glas ihrem Gesicht nähert und wie der Tee im Glas weniger wird, während sie trinkt. Diese Art der assoziierten Erinnerung ist von einem ganz bestimmten positiven Gefühl begleitet.

Erlebt jemand ein vergangenes Erlebnis assoziiert noch einmal, so hat er die gleichen Wahrnehmungen und Gefühle wie damals. Erinnern Sie sich doch einmal an Ihren letzten Kuß. Erinnern Sie sich assoziativ, so treten Sie „in Ihren Körper", und sehen, wie sich das Gesicht Ihres Partners Ihnen nähert. Möglicherweise fühlen Sie die Arme, die Sie umfassen. Hollywoods Filmregisseure haben diese Methode ausgiebig genutzt, um die Zuschauer emotional in die Handlung einzubeziehen. Denken Sie an Clark Gable in „Vom Winde verweht". Wie viele Frauen meinten seine Umarmung zu spüren, und wie viele Männer fühlten Scarlets Tränen auf den eigenen Wangen?

Das Phänomen der Wiederbelebung bereits erlebter Gefühle ist typisch für viele erfolgreiche Filme, weil es dem Zuschauer erlaubt teilzuhaben. Genau das tut das menschliche Gehirn beim assoziierten Erinnern.

DISSOZIIERT ERINNERN

Bevor Sie weiterlesen, betrachten Sie bitte erst Abbildung 4 und lesen Sie dann die folgende Erklärung.

Diese zweite Art des Erinnerns wird dissoziiert genannt. In Abbildung 4 sieht sich jetzt dieselbe Frau wie in Abbildung 3 aus der Perspektive einer Beobachterin. Dieses Mal sieht sie sich, wie sie am Tisch sitzt, den rechten Ellenbogen auf dem Tisch, die rechte Hand am Kinn, den Kopf etwas nach hinten gebogen, die linke Hand am Glas, und sie sieht den Kellner mit einem Tablett in der Hand. Der Unterschied zu vorher besteht darin, daß sie sich diesmal aus der Perspektive eines **Beobachters** sieht. Es ist, als ob Sie

Abbildung 4

einen Film betrachtete, in dem sie selbst als Darstellerin auftritt - und damit ist sie dissoziiert.

Sie können diese dissoziierte Perspektive nachvollziehen, wenn sie sich einmal daran erinnern, wie sie Sport betrieben, z. B. Leichtathletik oder Tennis. Verlegen Sie dieses Geschehen auf eine Leinwand, so daß sie ihre eigenen Aktionen und die der anderen genau beobachten können. Sie stellen fest, daß ihre Gefühle dabei nicht so stark sind wie bei dem tatsächlichen Ereignis.

Haben Sie vielleicht den Film „Der Weiße Hai" gesehen? Erinnern Sie sich, wie Sie sich gefühlt haben, als die Kamera die Perspektive des Opfers einnahm? Als Zuschauer sahen Sie, wie der Hai mit offenem Maul direkt auf Sie zuschwamm. Für diese Darstellung wurde die Methode der Assoziation gewählt. Die Folge war, daß viele Leute in den darauffolgenden Jahren Angst hatten, im Meer zu schwimmen. Stellen Sie dieser Aufnahme die nächste Kameraeinstellung gegenüber: Der Zuschauer konnte sowohl den Hai als auch das Opfer sehen und fühlte in der Dissoziation weniger, vielleicht sogar keine Angst.

Durch den Gebrauch dieser zwei Techniken, Assoziation und Dissoziation konnte der Regisseur den Zuschauer emotional einbeziehen oder auf Distanz halten. Assoziation rief starke Gefühle hervor, Dissoziation führte zu geringer gefühlsmäßiger Beteiligung.

Sie können sich die Unterschiede vertraut machen: Betrachten Sie einen Film daraufhin, wie der Regisseur Assoziation und Dissoziation anwendet, um den Zuschauer entweder mitfühlen oder weniger beteiligt beobachten zu lassen.

Oder machen Sie folgendes Experiment: Stellen Sie sich vor, Sie schneiden eine reife, saftige Zitrone in zwei Hälften. Sie sehen Ihre Hände, die mit dem Messer die dicke, rauhe Schale durchschneiden. Während Sie sich das vorstellen, zieht sich Ihnen vielleicht bereits der Mund zusammen. Dies ist ein Beispiel dafür, wie wir assoziiert erinnern.

DIAGNOSTISCHE ÜBERSICHT DER REPRÄSENTATIONSARTEN

Erstellt man ein diagnostisches Modell für die Prozesse der Assoziation und der Dissoziation, so wird besser verständlich, wie der emotionale Zustand der Schüler ihre Lernbereitschaft beeinflußt. Gefühle können das Lernen sowohl fördern als auch behindern. Das Gehirn verarbeitet und erinnert Erfahrungen entweder assoziiert oder dissoziiert. Außerdem sortiert es nach Ähnlichkeit. Positive und negative Erfahrungen können in die folgende Tabelle eingetragen werden, die das diagnostische Modell der Repräsentationskategorien darstellt:

Positive Assoziation	Positive Disassoziation
Negative Assoziation	Negative Disassoziation

Um Ihnen das Verständnis für den Gebrauch des diagnostischen Modells zu erleichtern, werden häufig vorkommende diagnostische Muster beschrieben. Diese Muster erklären einige der immer wiederkehrenden Schwierigkeiten, mit denen Menschen zu kämpfen haben.

DIE KOMBINATION VON NEGATIVER ASSOZIATION MIT POSITIVER DISSOZIATION

In vielen Großstädten sind die Lehrer permanent einem Übermaß an Stress ausgesetzt. In manchen Schulen ist das so schlimm, daß die Lehrergewerkschaft einen Erschwerniszuschlag fordert. Viele Lehrer fühlen sich total ausgelaugt. Nehmen Sie jetzt das oben dargestellte Modell zu Hilfe und stellen Sie sich vor, Sie sind Lehrer an einer dieser Großstadtschulen. Den Tag über haben sich mehrere unangenehme Dinge ereignet. Als guter Lehrer gehen Sie am Abend die Ereignisse des Tages noch einmal durch. Wenn Sie es so machen wie viele Lehrer, denen die Autoren begegnet sind, dann erinnern Sie sich assoziiert an die unangenehmen Erlebnisse. Das stellt sich im Überblick folgendermaßen dar:

Positive Assoziation	Positive Disassoziation
Negative Assoziation	Negative Disassoziation

REPRÄSENTATIONSARTEN

So erleben Sie im Geist die unangenehmen Dinge noch einmal assoziiert, die angenehmen Erlebnisse aber dissoziiert. Sie verspüren all den Ärger und Stress noch einmal ‹–› negative Gefühle. Wenn Sie das wiederholt tun, wird der Stress des ursprünglichen Ereignisses noch verstärkt. Dieses Ereignis braucht sich gar nicht zu wiederholen, die Gefühle kehren auch so wieder. Die Erinnerung bringt das Gefühl nicht nur zurück, nach einer Weile wird dieses Gefühl sogar noch verstärkt.

Viele Studien haben gezeigt, daß andauernder Stress die Anfälligkeit für Herzkrankheiten, Bluthochdruck und Stoffwechselprobleme erhöht. Wenn Sie die Ereignisse eines Tages so erinnern, daß Sie Positives dissoziiert und Negatives assoziiert erinnern, so vermindert sich ihr Leistungsvermögen.

NEGATIVE GEFÜHLE DISSOZIIEREN

Das folgende Experiment gibt Ihnen Gelegenheit, die Auswirkungen dieses Musters zu erfahren. Erinnern Sie sich an einen bestimmten Tag, und gehen Sie nacheinander Ihre Erinnerungen durch. Achten Sie darauf, wie Sie jeweils an die angenehmen und unangenehmen Erlebnisse denken - assoziiert oder dissoziiert. Sie spüren wahrscheinlich wie gewohnt ein unangenehmes Gefühl aufsteigen, wenn Sie sich assoziiert an die negativen Ereignisse erinnern. Die Autoren haben herausgefunden, daß dieses Muster relativ einfach zu verändern ist.

Wenn Sie wissen, daß Sie dieses Muster anwenden, und wenn Sie dieses Muster verändern wollen, könne Sie das folgendermaßen tun:

a) Geben Sie die negativen Erinnerungen auf eine Leinwand oder einen Bildschirm vor sich;
b) Dissoziieren Sie, indem Sie aus der Szene aussteigen und zum Beobachter werden;
c) Schauen Sie zu, wie die Szene auf der Leinwand abläuft; dabei können Sie der Kameramann sein oder ein Zuschauer im Kino.

d) Sie können die Leinwand verkleinern und weiter und weiter weg schieben. So erinnern Sie sich, aber Sie dissoziieren die negativen Gefühle und Erfahrungen.

Übertragen auf das diagnostische Modell: Sie erinnern Negatives dissoziiert.

Positive Assoziation	Positive Disassoziation
Negative Assoziation	Negative Disassoziation

Genauso kann man Schülern helfen, damit sie lernen, negative Gefühle zu dissoziieren. In der klinischen Praxis tauchen oft folgende Fragen auf: „Wenn ich unangenehme Erinnerungen dissoziiere, so daß ich mich nicht mehr schlecht fühle, was hält mich dann davon ab, unangemessen und falsch zu handeln?“ „Werde ich gegenüber den Problemen anderer unsensibel?“

Die Autoren meinen, daß negative Gefühle nicht zur Besserung und zu verändertem Verhalten führen. Stattdessen ist Lernen direkt davon abhängig, wie Informationen gespeichert werden. Nehmen wir einmal an, Sie sind einem Vorgesetzten gegenüber laut geworden und dafür getadelt worden. Betrachten Sie dieses Ereignis nun dissoziiert, so ist die für Sie wichtige Information in der Szene enthalten, die Sie auf der Leinwand sehen : Sie ziehen die Schlußfolgerung, daß diese Art von Verhalten zu Tadel führt. In der dissoziierten Betrachtung verspüren Sie nicht mehr das ursprünglich mit dem Erlebnis verbundene Gefühl. Starke Gefühle würden Sie daran hindern, die notwendigen logischen Schlußfolgerungen zu ziehen. Diese werden im Zusammenhang mit der Information gespeichert, kaum zusammen mit dem Gefühl.

Ein anderes Beispiel haben wohl die meisten von uns erlebt. Fast jeder hat einmal einen heißen Gegenstand berührt. Anstatt nun dieses Erlebnis assoziiert zu erinnern und jedes Mal den Schmerz zu spüren, erinnern wir uns dissoziiert. Wir lernen von diesem Erlebnis, ohne daß wir den Schmerz wiedererleben. In der Folgezeit berühren wir keine heißen Gegenstände mehr. Die Lernerfahrung wurde generalisiert.

NEUPROGRAMMIERUNG: POSITIVE STATT NEGATIVE ASSOZIATIONEN.

Der Frage nach dem Verlust von Sensibilität kann der Aspekt der Wahlfreiheit gegenübergestellt werden. Nehmen Sie ein Beispiel aus der Schule: Ein Schüler wurde mehrmals vom Mathematiklehrer wegen seiner Flüchtigkeitsfehler ermahnt. Nehmen wir an, der Schüler assoziiert diese Vorkommnisse negativ mit dem Lehrer und der Mathematik. Tagelang durchlebt er diese Erfahrung immer wieder mit all den unangenehmen Gefühlen: er erinnert sich assoziiert an Negatives.

Positive Assoziation	Positive Disassoziation
Negative Assoziation	Negative Disassoziation

Damit Sie dieses Muster unterbrechen können, soll sich der Schüler auf einer Leinwand das Ereignis noch einmal vorstellen, so wie es wirklich war. Er soll die Szene vorwärts und rückwärts ablaufen lassen. Damit wird Dissoziation hergestellt.

Danach bitten Sie den Schüler, sich **ein angenehmes Erlebnis vorzustellen**. Er soll sich vorstellen, daß er das wirklich erlebe. Sagen Sie ihm wieder: „Sieh, was Du siehst, höre, was Du hörst, fühle, was Du fühlst.“ Sie ankern, wenn er voll im Erleben ist, so daß der

Schüler, wann immer er es braucht und wünscht, diesen positiven Zustand nutzen kann. Dieses Modell sieht so aus:

Positive Assoziation	Positive Disassoziation
Negative Assoziation	**Negative Disassoziation**

UMKEHRUNG DER KOMBINATION NEGATIVER ASSOZIATION/POSITIVER DISSOZIATION, UM LERNERFOLGE ZU ERZIELEN

Hier nun ein Beispiel, damit das Modell deutlich wird: Ein Schüler erklärt seinem Lehrer, daß er die Schule und alles, was damit zusammenhängt, haßt. Der Schüler erinnert sich nur an die unangenehmen Begebenheiten seines Schulalltags. Seine Haltung gegenüber der Schule, Arbeit in der Schule und Hausarbeit ist äußerst negativ. Um diesem Schüler zu helfen, muß seine Methode, sich nur Unangenehmes zu merken, geändert werden. Auch dieser Schüler erinnert sich an schöne Erlebnisse dissoziiert, an unangenehme Dinge dagegen assoziiert.

Positive Assoziation	**Positive Disassoziation**
Negative Assoziation	Negative Disassoziation

REPRÄSENTATIONSARTEN

Um seine Auswahlmethode ändern zu können, muß dieser Schüler lernen, Unangenehmes in der Schule zu dissoziieren, Angenehmes dagegen zu assoziieren. Seine ursprüngliche Kombination muß also umgekehrt werden. Dies kann dadurch geschehen, daß man schöne Erinnerungen bei ihm ankert, und daß man ihn Unerfreuliches dissoziieren läßt. So entsteht die neue Kombination positive Assoziation/negative Dissoziation.

Positive Assoziation	Positive Disassoziation
Negative Assoziation	Negative Disassoziation

Ein anderer Schüler galt als ängstlich und schüchtern. Sein Verhalten ging auf ein Erlebnis in der 2. Klasse zurück, als er während der Englischstunde störte und ermahnt wurde. Er erinnerte sich an diesen Vorfall assoziiert und behielt danach alle weiteren Male, die er ermahnt wurde, im Gedächtnis. Gegen Ende der 3. Klasse hatte er eine regelrechte Sammlung mit assoziierten, unangehmen Erlebnissen. Wegen der starken Wirkung der negativen assoziierten Erinnerungen blieben angenehme Ereignisse dissoziiert. Der Schüler zog sich mehr und mehr zurück, hatte Angst etwas zu sagen oder zu lachen, und das hatte Auswirkungen auf sein Verhältnis zu seinen Mitschülern. Der verhängnisvolle Kreislauf hatte im Klassenzimmer begonnen und machte sich auch auf dem Spielplatz bemerkbar.

Einer der Autoren wandte bei dem Schüler die Technik des „Verändern der Geschichte“ (Erklärung in Kapitel 4) an. Gemeinsam fanden sie das negative Ursprungserlebnis. Der Autor lehrte den Schüler, die negativen Erlebnisse einzeln zu dissoziieren und alle positiven Ressourcen und Ereignisse im Schulalltag assoziiert wiederzuerleben. Innerhalb von zwei Wochen wurde dieser ängstliche und schüchterne Schüler von seiner Umgebung akzeptiert und lieferte Beiträge im Unterricht. Dieser Prozeß wurde vom Lehrer unterstützt, der die neuen assoziierten Erfahrungen verstärkte.

Einer der Autoren arbeitete einmal mit einer Gruppe, die an einem Workshop für Chorgesang teilnahm. Es zeigte sich bald, daß viele nur den Mund bewegten und andere gar nicht den Versuch machten, sich zu beteiligen. Als die Autoren die Teilnehmer, die nicht mitsangen, nach früheren Erfahrungen im Chorsingen fragten, stellte sich heraus, daß sie in Kirchen- oder Schulchören aufgefordert worden waren, nur den Mund zu bewegen und nicht zu singen. Von wenigen Ausnahmen abgesehen, hatte damit eine Kette assoziierter negativer Erfahrungen beim Singen begonnen, die bis ins Erwachsenenalter reichte. Es war interessant, daß eine große Zahl der Teilnehmer wirklich Freude an der Musik empfand, nachdem sie die negativen Erlebnisse in der Dissoziation betrachtet hatten. Nach der subjektiven Beurteilung der Autoren zeigte sich bei vielen daraufhin eine durchschnittliche bis gute musikalische Begabung.

Mit Hilfe dieser Beispiele haben Sie gelernt, wie Sie negative Auswahlkategorien diagnostizieren und umkehren können. Bei Anwendung dieses Modells und der beschriebenen Techniken werden Sie erfahren, daß Sie selbst und Ihre Schüler glücklicher und erfolgreicher werden.

KAPITEL 4

ANKER KOLLABIEREN
oder
NEGATIVE ASSOZIATIONEN AUFLÖSEN

Überblick

In diesem Kapitel werden Ihre Erfahrungen mit Ankern vertieft. Beim Kollabieren von Ankern werden zwei miteinander nicht zu vereinbarende Erfahrungen geankert und dann simultan aufgerufen. Mit diesem Vorgehen ist es möglich, den schädlichen Einfluß bestimmter Anker (konditionierte Reaktionen) auf den Lernprozeß zu eliminieren. Außerdem lernen Sie die unbewußte Wirkung von Ankern auf alle Lernvorgänge zu schätzen.

Mit diesem Wissen reagieren Sie sehr sensibel auf alltägliche Ereignisse mit ihrer positiven oder negativen Wirkung für den Lernprozeß.
Zudem wird die Technik des Veränderns der Geschichte erklärt, mit der Sie ihren Schülern helfen können, zurückliegende negative Konditionierungen, die am Lernen hindern, zu überwinden.

Begriffe

ANKER KOLLABIEREN (*collapsing anchors*) – Zwei Anker für zwei nicht kompatible Reaktionen werden gleichzeitig ausgelöst. Der stärkere Anker dominiert und als Ergebnis wird der schwächere gelöscht. Ein Beispiel: Der kinästhetische Anker für einen starken, positiven Zustand ist auf der rechten Schulter, der kinästhetische Anker für einen negativen Zustand ist auf der linken Schulter. Der postitive Anker muß stärker sein. Dann werden beide Stellen gleichzeitig berührt: Die negativen Assoziationen sind dadurch aufgehoben und die negativen Gefühle verschwinden.

GESCHICHTE VERÄNDERN – Bei diesem Prozeß wird jemandem mit Hilfe selektiven Ankerns die Erinnerung vergangener Erlebnisse ermöglicht. Dann werden Ressourceerlebnisse gesucht und geankert, damit diese zukünftig genutzt werden können.

Ein Beispiel: Man setzt einen Anker für Prüfungsangst. Dieser Anker hilft nun, vergangene Erlebnisse des Schülers, die mit Gefühlen von Prüfungsangst assoziiert sind, wieder hervorzuholen. Ist man bei dem am weitesten zurückliegenden Ereignis angekommen, kann der Schüler Ressourcen erhalten, die er damals noch nicht hatte. Obwohl das Erlebnis selbst nicht verändert wurde, so hat sich doch die individuelle Deutung verändert. Durch die neue Interpretation verändern sich negative Gefühle.

INKOMPATIBEL – Bezieht sich auf zwei oder mehr Reaktionen, die wegen spezieller Merkmale oder des Zeitfaktors nicht gleichzeitig auftreten können.

NEGATIVER ZUSTAND – Ein Zustand hervorgerufen durch vergangene unangenehme Erlebnisse.

RESSOURCEZUSTAND – Ein positives Gefühl, das geankert oder konditioniert wurde. Dieser Zustand kann vom Lehrer oder vom Schüler ausgelöst werden, indem eine bestimmte Stelle berührt oder ein bestimmtes Signal gegeben wird. Dies ist eine wertvolle Technik, denn sie ermöglicht es, einen Zustand, der für das Lernen hinderlich ist, zu überwinden.

ANKER KOLLABIEREN oder NEGATIVE ASSOZIATIONEN AUFLÖSEN

Jetzt können Sie mit dem Lernen verbundene negative Assoziationen identifizieren, aber was läßt sich dagegen tun? Anker kollabieren bedeutet, daß zwei Anker gleichzeitig ausgelöst werden, so daß der stärkere positive den negativen Anker kurzschließt oder aufhebt. Diese Tatsache wird durch die neurologische Erkenntnis gestützt, die besagt, daß zwei Ereignisse nicht gleichzeitig am selben Ort stattfinden können. Beim Kollabieren der Anker wird diese Tatsache demonstriert.

Denken Sie an einen Schüler, der immer in Panik gerät, wenn der Lehrer das Wort Test oder Klassenarbeit erwähnt. Seine Leistungsfähigkeit ist durch frühere unangenehme Assoziationen oder Anker aus Prüfungssituationen stark eingeschränkt. Um die negativen Assoziationen zu neutralisieren, muß der Lehrer einen Anker oder eine Assoziation finden, die **stärker** und mit dem negativen Anker **nicht kompatibel** ist.

Der Lehrer sollte beim Schüler einen kinästhetischen Anker einrichten, sowohl für das Wort „Test“ (auditiv) als auch für die visuellen und kinästhetischen Stimuli, die mit der negativen Reaktion einhergehen. Dann hilft der Lehrer dem Schüler, einen ruhigen, produktiven Zustand zu beschreiben, den sich der Schüler anstelle des negativen Zustandes wünscht. Anschließend ankert der Lehrer den ruhigen Zustand beim Schüler (an einer anderen Stelle als den negativen Anker). Dieser Anker wird getestet, wie auch vorher der negative, um sicher zu gehen, daß der ursprünglich geankerte Zustand wiederkehrt. Dann berührt der Lehrer beide Stellen gleichzeitig und hält 10 Sekunden. Der Lehrer läßt den negativen Anker los, hält jedoch den positiven Anker noch etwa 5 Sekunden. Etwas später überprüft er, ob die ursprünglich mit „Test“ verbundene negative Assoziation beim Schüler wiederkehrt. Dies geschieht, indem der negative Anker berührt wird.
Meist berichten die Schüler, daß die alte negative Reaktion nicht wiederkehrt. Falls ein Schüler doch noch etwas Reaktion auf das Wort „Test“ zeigt, muß der Lehrer zusätzliche positive Anker stapeln und den Vorgang wiederholen.

Die Erfahrungen, die mit zurückliegenden auditiven Ankern assoziiert sind, können durch viele Wörter hervorgerufen werden, die mit starken, emotionalen Reaktionen verbunden sind; dazu gehören auch rassistische, ethnische oder religiöse Diskriminierungen. Ein Weg, die Wirkung dieser negativen Assoziationen aufzuheben, ist das Kollabieren von Ankern. Dazu ist es lediglich notwendig, eine Erfahrung zu finden, die inkompatibel und stärker als der negative Anker mit der dazugehörigen Reaktion ist. In den folgenden Abschnitten sind nun die Schritte im Detail beschrieben.

Schritt I

Der Lehrer und der Schüler identifizieren gemeinsam die Situation, die immer wieder den Lernprozeß stört.

Schritt II

Der Schüler soll sich daran erinnern, wann er zuletzt diese speziellen, negativen Gefühle hatte. Wenn der Schüler sich an diese Gelegenheit erinnert, unterstützen Sie mit „Sieh, was du siehst, höre, was du hörst, fühle, was du fühlst." (Vergewissern Sie sich, daß der Schüler das Ereignis assoziiert erlebt.) Wenn das negative Gefühl sichtbar wird, berühren Sie den Schüler an einer Stelle (Arm, Hand oder Schulter), halten diese Stelle etwa 10 Sekunden und lassen wieder los. Nach einigen Sekunden berühren Sie dieselbe Stelle, um zu sehen, ob die gleiche Reaktion ausgelöst wird. Ist das nicht der Fall, werden Schritt 1 und 2 wiederholt. Sonst weiter zum nächsten Schritt.

Schritt III

Bitten Sie den Schüler, ein besonders gutes Gefühl zu wählen. Der Schüler soll sich an das letzte Mal erinnern, als er dieses Gefühl verspürte. „Sieh, was du siehst, höre, was du hörst, fühle, was du fühlst." Der Schüler soll einen Finger bewegen, wenn dieser

Zustand erreicht ist, dann ankern Sie diesen Zustand – wieder 10 Sekunden. Testen Sie den Anker!

Schritt IV

Jetzt berühren Sie beide Anker gleichzeitig. Es muß **bei gleichem Druck die gleiche Stelle** sein. Beide werden **gleichzeitig** 10 Sekunden gehalten. Dann lassen Sie den ersten (negativen) Anker los. Warten Sie 5 Sekunden, dann erst lassen Sie langsam den zweiten (positiven) Anker los.

Schritt V

Sie bitten den Schüler, sich an sein negatives Gefühl zurückzuerinnern und darauf zu achten, ob es einen **Unterschied** gebe. Verspürt der Schüler keine unangenehmen Gefühle mehr, war der Prozeß erfolgreich. Sind noch negative Gefühle vorhanden, müssen Sie an der Stelle des ersten positiven Ankers einen weiteren positiven Zustand ankern; dies nennt man „Anker stapeln".

Für das Kollabieren von Ankern müssen Sie zwei Zustände auswählen, die für den Schüler von vergleichbarer Bedeutung sind. Es ist nicht ratsam, als positives Erlebnis z. B. den Genuß von Eiscreme zu nehmen und als negatives Erlebnis den Verlust des Arbeitsplatzes heranzuziehen. Außerdem sollten beide Ereignisse auf derselben Erfahrungsebene liegen, also Entspannung als Gegenteil von Angst, Furcht gegenüber Zuversicht, etc..

Einer der Autoren erlebte die Wirkung des Ankers an einer Universität, an der er unterrichtete. Für alle Prüfungen wurde ein spezielles Buch verwendet, es war blau und trug das Siegel der Universität. Die Wirkung des Buchs auf die Studenten war äußerst negativ.

Ein Lehrer brachte das Prüfungsbuch unabsichtlich in eine Klasse, bei der keine Prüfung vorgesehen war. Die Wirkung auf die Studenten war bemerkenswert. Viele protestierten gegen die unfaire

Behandlung. Andere klagten, daß sie sich nicht wohl fühlten und einer verließ sogar den Raum. Das blaue Buch war ein starker Negativanker geworden.

In vielen Klassenzimmern und in den verschiedenen Bereichen der Ausbildung gibt es ähnliche Situationen wie die oben genannte. Manchmal ist es die Examensmappe; dann der visuelle Anker von kopierten Blättern oder der Geruch der Kopierflüssigkeit. Es kann auch ein auditiver Anker sein, wenn der Lehrer sagt: „Räumt Eure Tische leer." In jedem Fall ist das Resultat ähnlich. Schüler klagen über Herzklopfen, Magenschmerzen, kalte Hände und andere Angstsymptome. In einer solchen Situation bietet es sich an, Anker zu kollabieren.

Nehmen wir nun das Beispiel des blauen Prüfungsbuches, das ein negativer Anker für Furcht war. Der Lehrer könnte den Studenten das Buch zeigen und sie auffordern, sich an ihre unangenehmen Gefühle zu erinnern, die sie mit diesem Buch assoziieren. Wenn sie dieses Gefühl intensiv verspüren, werden sie angewiesen, die linke Hand zur Faust zu ballen. Anschließend sollte dieser zusätzliche negative Anker getestet werden. Als nächsten Schritt stellen sich die Studenten eine Situation vor, in der sie ruhig und zuversichtlich waren. Sind die Studenten voll im Erleben dieser Situation, werden sie aufgefordert, die rechte Hand zur Faust zu ballen. Nachdem auch dieser Anker getestet wurde, sollen die Studenten schließlich mit beiden Händen gleichzeitig eine Faust machen; der sich dabei ergebende Zustand vermindert die Wirkung des negativen Ankers. Bei vielen Menschen wird es notwendig sein, viele positive Anker zu stapeln, um die kumulative Wirkung vieler Jahre, die von Angst bestimmt waren, zu überwinden. Sobald ein starker positiver Zustand etabliert wurde, dient er als Ressourceanker für zukünftige Streßsituationen.

Die Autoren haben festgestellt, daß der Prozeß des Kollabierens von Ankern sehr wirkungsvoll ist, um bei vielen Schülern unangemessenes Verhalten und Lernbehinderungen zu verändern. Gelegentlich muß mit den Techniken der Assoziation und der Dissoziation gearbeitet werden. Manchmal haben Negativanker im Verlauf eines Lebens – und sogar während der relativ kurzen Lebenszeit eines Schülers – negative Einstellungen geprägt, die so gravierend sind, daß sie total verdrängt werden und somit nicht mehr bewußt sind. Traditionell lief die Veränderung persönlicher Erfahrungen darauf hinaus, daß der Betroffene seine Vergangenheit „durcharbeiten" oder sie ignorieren mußte. Tatsache ist, daß wir die Vergangenheit eines Individuums nicht verändern können, aber wir können seine Interpretation der Ereignisse ändern.

Denken Sie z. B. an eine Gelegenheit, als Sie sehr starke Verlegenheit spürten. Sie sind sogar jetzt verlegen, wenn Sie daran denken. Und erinnern Sie sich jetzt an ein anderes Mal, als Sie verlegen waren, bei dem Gedanken daran jedoch lachen können. In beiden Fällen wurden Sie durch bestimmte Umstände in Verlegenheit gebracht. In keinem der beiden Fälle haben Sie die Fakten verändert, aber Ihre Wahrnehmung, Ihre Interpretation war unterschiedlich.

Im ersten Fall sind Sie immer noch erstarrt und festgefahren, genau wie während der Situation, im zweiten Fall hat sich ihre Auffassung verändert. Daher wird eine Technik notwendig, die es möglich macht, die Interpretation vergangener Ereignisse schnell und effektiv zu modifizieren. Ankern kann eine solche Änderung herbeiführen. Die Technik des Veränderns der Geschichte ist eine weiterentwickelte Form des Ankerns und kann in schwierigen und komplizierten Fällen angewendet werden.

GESCHICHTE VERÄNDERN

Ein Lehrer wurde ängstlich und unsicher, wenn der Direktor sein Klassenzimmer betrat. Einer der Autoren arbeitete mit diesem Lehrer; er ankerte Unsicherheit und Angst in der Situation, als der Direktor in der Klasse war. Nach dem Unterricht arbeitete er weiter mit dem Lehrer und ankerte nochmals Angst und Unsicherheit.

Nächste Aufgabe war, herauszufinden, wie dieser Anker entstanden war. Der Lehrer sollte sich vorstellen, er ginge wie auf einem Lichtstrahl zurück in die Situation, in der diese unangenehmen Gefühle erstmals entstanden. Der negative Anker wurde gehalten, während der Lehrer sich soweit als möglich zurückerinnerte. Da das Gehirn nach dem Kriterium der Ähnlichkeit arbeitet, wurde dieser Anker ein Auswahlmechanismus für Erfahrungen, die diese negativen Gefühle zum Inhalt hatten.

Die meisten Menschen sind in der Lage, sich sehr schnell an mehrere verschiedene Ereignisse zu erinnern; sie gehen in der Zeit zurück bis zu dem Ursprungserlebnis. In diesem Fall erinnerte sich der Lehrer an ein Erlebnis aus seiner Kindheit, als er vom Direktor ermahnt worden war, da er sich ungebührlich verhalten hatte. Damit ist verständlich, wie Ängstlichkeit und Unsicherheit zu einem Negativanker wurden und wie von da an dieser Anker in der Gegenwart von Autoritätspersonen wiederholt und verstärkt wurde. Da sich geankerte Zustände wiederholen, baut einer auf dem anderen auf und damit verstärkt sich die immer gleiche Reaktion und wird zum automatisch wiederkehrenden Muster. Daraus läßt sich erklären, wie der Lehrer sein Verhaltensmuster lernte, so daß ihm in besonderen Situationen nur ein begrenztes Verhaltensrepertoire zur Verfügung stand.

Nächster Schritt war die Suche nach Ressourcen für das negative Erlebnis. Die Ressourcen werden am einfachsten gefunden, indem man folgende Fragen stellt: „Was hättest du damals gebraucht, um die Situation besser bewältigen zu können?“ oder „Was hast du inzwischen gelernt, etwas, das du damals noch nicht wußtest, womit du dir die Situation erleichtert hättest?" Der Lehrer fand heraus, daß er mehr Selbstvertrauen gebraucht hätte und die Gewißheit, daß die Erfahrung vorbeigeht. Daher mußte eine unangenehme Situation gefunden werden, von der sicher war, daß sie vorüberging.

Der neue Ressourcezustand wurde geankert, aber an einer anderen Stelle als der negative Anker. Er wurde so angelegt, daß er für den Lehrer selbst gut erreichbar war. Dann sollte der Lehrer sich wieder an das ursprüngliche unangenehme Erlebnis erinnern, aber dieses Mal wurde gleichzeitig der Ressourceanker gehalten. Das Feuern des Ressourceankers versetzt den Lehrer in die Lage, während der Erinnerung an das alte Erlebnis eine neue Perspektive zu gewinnen und damit eine Neubewertung zu vollziehen. (Anmerkung: Der negative Anker darf nicht gleichzeitig mit dem Ressourceanker ausgelöst werden, da sonst vielleicht der schwächere Anker zusammenbricht.)

Da das Gehirn nach dem Kriterium der Ähnlichkeit arbeitet, ist der nächste Schritt, dem Lehrer zu helfen, daß er, wenn er in Zukunft den Direktor (oder andere Autoritätspersonen) trifft, seine Ressourcen auch aktivieren kann. Dazu mußte er sich eine zukünftige derartige Situation vorstellen. Bei dieser Imagination wurde er aufgefordert, seinen Ressourceanker zu feuern. So wird der Lehrer nicht länger ängstlich und unsicher sein, er kann sich im Umgang mit dem Direktor sicher fühlen.

In einigen Fällen ist es vielleicht notwendig, Anker zu stapeln, um den Ressourcezustand zu verstärken. Dabei wird beim Ankern der gleiche Punkt genauso wie vorher berührt, während eine neue Ressource erinnert wird. Manchmal ist auch ein dritter Anker angebracht.

Ein weiteres Beispiel einer Schülerin: Ein Mädchen aus der 4. Klasse war sehr schüchtern und antwortete fast nie, wenn sie gefragt wurde. In schriftlichen Arbeiten zeigte sie gute Leistungen, doch wenn sie vor der Klasse sprechen sollte, sagte sie: „Ich weiß nichts." Der Lehrer bat sie nach der Stunde zu sich. Er fragte sie nach dem letzten Mal, da sie sich unsicher gefühlt hatte und ankerte diesen negativen Zustand. Mit Hilfe des Ankers wurde sie dann in ihrer Geschichte zurückversetzt in ähnliche Situationen. Ihre früheste Erinnerung war die an eine Aufführung in der 2. Klasse. Als sie sprechen sollte, stand plötzlich jemand auf und machte eine Blitzlichtaufnahme. Durch diese Unterbrechung vergaß sie ihren Text. Die anderen Schüler lachten und verspotteten sie. Dieses Ereignis verband sich bei ihr (wurde verankert) mit dem Gefühl der Unsicherheit, wenn sie vor anderen sprechen sollte.

Im weiteren Verlauf des Prozesses fragte sie der Lehrer nach den Ressourcen, die sie in jener Situation benötigt hätte. Sie selbst konnte sich nicht denken, was ihr geholfen hätte. Hier mußte der Lehrer kreativ werden und Ressourcen finden. (Was würden Sie in dieser Situation tun? Welche Ressourcen bräuchte die Schülerin?) Das Erlebnis, so wie es geschah, war nicht zu verändern. Man kann sich aber fragen, was sie nötig gebraucht hätte. Die Schülerin hätte kurze Zeit gebraucht, um ihre Gedanken zu ordnen und sich ihren gelernten Text bildlich ins Gedächtnis zu rufen. Sie hätte in der Lage sein sollen, zu erkennen, daß das Gelächter der anderen Schüler nur vorübergehend war.

Deshalb fragte der Lehrer sie, ob sie jemals etwas momentan vergessen hatte, was ihr dann wieder eingefallen war. Die Schülerin erzählte, daß sie einmal beim Einkaufen plötzlich nicht mehr wußte, was sie kaufen sollte. Sie war dann sehr froh, als es ihr wieder einfiel. Dieses Gefühl ankerte der Lehrer und fragte weiter, ob sie schon einmal ausgelacht worden wäre und sich trotzdem wohl gefühlt hätte. Das war vorgekommen, während sie das Basketballspielen lernte. Eine Gruppe von Mädchen aus der Nachbarschaft hatte gelacht und sich gegenseitig verspottet (darunter auch sie selbst), wenn sie nicht in den Korb trafen. Sie hatte sich wohlgefühlt, weil sie wußte, daß es nur Spaß war. Dieses Gefühl wurde dann an derselben Stelle geankert wie das angenehme Gefühl vorher, so daß durch das Stapeln eine stärkere Ressource entstand.

Der Lehrer feuerte und hielt den Ressourceanker, während die Schülerin sich noch einmal an die alte Erfahrung erinnerte, wie sie vor der Gruppe stand, das Blitzlicht aufflammte und sie ihren Text vergaß; und sie erinnerte sich an die aktuelle Erfahrung, wie sie vor anderen sprechen sollte und sich unsicher fühlte. Der Ressourceanker, der gehalten wird, während die Schülerin die Zeit von ihrem ursprünglichen Erlebnis bis heute durchläuft, verändert die Interpretation der Situation zum Positiven hin. Als sie später vor einer Gruppe sprechen mußte, konnte sie das recht sicher, sie fühlte sich wohl und sagte ihren Text ohne Fehler auf.

Das Verändern der Geschichte bietet unzählige Anwendungsmöglichkeiten im Bereich der Erziehung und außerhalb. Ihre eigene Kreativität eröffnet Ihnen unbegrenzte Bereiche.

KAPITEL 5

BESCHREIBUNG UND UTILISATION DISSOZIATIVER ZUSTÄNDE BEIM LERNEN

Überblick

In diesem Kapitel wird die starke Wirkung von Dissoziation auf den Lernprozeß dargestellt. Sie finden sicher Situationen, in denen Sie dieses Phänomen bereits identifiziert haben, und noch wichtiger, in denen dadurch Ihre Angst vermindert worden wäre. Indem Sie lernen, bei sich selbst und bei anderen Dissoziation anzuwenden, erhalten Sie ein wertvolles Werkzeug für Ihren Unterricht. Sie können Lernhemmnisse und phobische Reaktionen beseitigen und damit das Leben Ihrer Schüler bereichern.

Begriffe

DISSOZIATION – Ein Individuum betrachtet in diesem Zustand ein Ereignis seines Lebens vom Standpunkt eines Betrachters. Dabei erinnern Sie sich und sehen sich selbst als Akteur in einem Drama. Damit dissoziieren Sie sich von den Aktivitäten. Unter diesen Umständen sind Ihre schmerzlichen Gefühle vermindert. So lassen sich Lernhemmnisse bei Schülern beseitigen. Wenn frühere schmerzliche Reaktionen auf traumatische Erlebnisse eliminiert werden können, kann Neues dazugelernt werden.

HIER-UND-JETZT-ANKER – Dieser Anker wird benützt, wenn man jemanden in traumatische Erlebnisse zurückführt. Er ist ein Zeichen für die Präsenz in der Gegenwart. Der Anker wird gebraucht, um eine Überreaktion auf vergangene Ereignisse zu steuern. Hält man z. B. die Hand des Schülers, während er ein unangenehmes Erlebnis wiedererlebt, so gibt man ihm damit die Sicherheit der Gegenwart. Mit leichtem Druck kann man den Schüler in die Wirklichkeit zurückholen, wenn die Erinnerung zu traumatisch ist.

PHOBISCHE REAKTION – Die Assoziation eines speziellen Stimulus mit einem vergangenen traumatischen Ereignis. Wenn dieser Stimulus danach wieder auftaucht, ruft er jedes Mal die unangenehme Reaktion hervor. Ein Schüler z. B. war furchtbar erschrocken, als er im Aufzug eines belebten Warenhauses von seiner Mutter getrennt worden war. Die daraus entstandene Panik wurde mit dem Aufzug assoziiert. So kann der Schüler erwachsen werden und weiterhin in Panik geraten, wenn er den Aufzug benutzen muß. In extremen Fällen vermeidet der Betroffene Aufzüge grundsätzlich.

METAPHER – In einem Vergleich wird ein Ereignis oder ein Gegenstand in einem anderen Zusammenhang dargestellt.

PHOBISCHE REAKTION – Eine andauernde unbegründete Furcht.

PSYCHOSOMATISCHE KRANKHEIT – Körperliche Beschwerden, die psychische Ursachen haben.

BESCHREIBUNG UND UTILISATION DISSOZIATIVER ZUSTÄNDE BEIM LERNEN

Mit Blick auf die starke Wirkung der Assoziation läßt sich ermessen, wie oft es für Lehrer und Schüler nötig wäre, zu dissoziieren, um voll handlungsfähig zu sein. Sicher ist es den meisten Lehrern schon einmal passiert, daß ein Schüler verletzt wurde oder umfiel. Ein Lehrer, bei dem ein solcher Notfall unangenehme Assoziationen hervorruft, wird von Gefühlen überwältigt und ist deshalb wie gelähmt und unfähig zu handeln. Der Lehrer jedoch, der dissoziiert ist, bleibt ruhig und wird zweifelsfrei besser mit der Situation fertig.

Tatsächlich haben viele Menschen bereits irgendein traumatisches Erlebnis durchlebt, sei es ein Autounfall, der Tod eines Angehörigen oder ein Kampf, in den sie verwickelt wurden. Wenn sie sich dieses Erlebnis wieder und wieder vor Augen führen, so erleben sie auch alle Belastungen des traumatischen Erlebnisses immer wieder assoziiert. Damit ist das Problem angeschnitten, das Schüler haben, die verlassen, mißhandelt und/oder sexuell mißbraucht wurden. Davon betroffen sind Hunderttausende von Kindern und die Zahl steigt. Da der Lehrer täglich mit den Schülern zu tun hat, steht er in vorderster Linie. So sollte er zumindest in der Lage sein, die Schüler, die Probleme mit Traumata haben, zu verstehen und ihnen vielleicht auch zu helfen.

In diesem Kapitel wird erklärt, wie man Dissoziation herstellt, um bessere Leistungen zu ermöglichen. Dissoziation wird aus dem Blickwinkel des Lehrers, bzw. Erziehers beschrieben, nicht vom therapeutischen Standpunkt. **Therapeutisches Vorgehen bleibt am besten den Therapeuten überlassen. Wenn Sie mit Dissoziation arbeiten, sollten Sie die Bereiche der Kindesmißhandlung, sexuellen Mißbrauchs und andere schwerwiegende Traumata in ihrer Schulumgebung meiden und diese Fälle weitervermitteln.** Der Lehrer muß sich mit der Dissoziation hauptsächlich befassen, um Hemmnisse zu beseitigen wie die Angst, vor der Klasse zu sprechen, Angst vor Versagen, Angst, lächerlich gemacht zu werden, Angst vor Zurückweisung etc.

Betrachten Sie nun den folgenden Fall, in dem einer der Autoren konsultiert wurde. Ein zehnjähriger Schüler mit einem I.Q. von 120+ mit sehr guten bis guten Leistungen wurde als intelligent, freundlich und humorvoll geschildert. Er geriet jedoch in Panik, wenn der Lehrer die kleinste Kritik an einer Arbeit oder einem Aufsatz vorbrachte. Um mehr über den Schüler zu erfahren, legte der Autor ihm einen seiner letzten Tests vor. Er fragte den Schüler, wie es kam, daß er eine so einfache Aufgabe nicht hatte lösen können. Der Schüler wurde ängstlich, nervös und weinerlich. Der Autor fragte den Schüler, ob er sich in dieser Situation lieber anders verhalten wollte; und der Schüler bestätigte das. Die meisten Schüler finden diesen Zustand unangenehm, aber sie wissen nicht, daß dies auch gleichzeitig eine Lernblockade ist.

Der Schüler wurde dann aufgefordert, sich an das letzte Mal zu erinnern, als er so ängstlich und nervös gewesen war, und der Schüler nannte gleich die eben erwähnte Episode. Er versetzte sich noch einmal in diese unangenehme Stimmung und der Autor ankerte dies. Dann nahm er die Hand des Schülers und bat ihn, diese zu drücken, um wieder ein Gefühl für seine Gegenwart im Jetzt zu bekommen. So hatte der Autor einen Negativanker und einen Hier-und-Jetzt-Anker etabliert. Dann bat er den Schüler, mit ihm aufzustehen und sich hinter den Stuhl zu stellen. Der Schüler sollte sich nun vorstellen, er sitze auf dem Stuhl und betrachte einen Film im Fernsehen. (Siehe Abb. 5) Er sollte sich weiter vorstellen, die Geschichte seines Lebens laufe auf dem Bildschirm ab, jedoch von der Gegenwart zurück bis zu seinem frühesten Erlebnis von Angst und Nervosität. Bei diesem Bild sollte der Film dann stoppen. Der Autor sagte: „Beobachte Dich selbst auf diesem Stuhl, wie Du den Film von jenem Erlebnis siehst."

Damit wurde die Dissoziation erreicht. Der Schüler wurde dann beauftragt, sich den Film anzuschauen, bis er etwas gelernt hätte, was er nicht wußte, bevor er den Film betrachtete. (Diese Instruktion verhilft häufig dazu, daß der Schüler eine neue Perspektive bekommt und Dinge sieht, die er vorher nicht wußte.) Der Schüler sollte seinem jüngeren Selbst mitteilen, er komme aus seiner Zukunft (oder aus dem Jahr ....), er könne ihm Fragen über dieses Erlebnis beantworten und er könne sein jüngeres Selbst auch trösten, falls es das wolle. Schließlich wurde der Schüler aufgefordert, alles was er gelernt hatte, mit in seine Gegenwart zu bringen. Dann konnte er das Fernsehgerät abschalten und auf seinen Stuhl zurückgehen.

Dissoziation wurde auch in einem anderen Fall gebraucht, um störendes Verhalten in der Schule zu verändern. Eine vierzehnjährige

Abbildung 5
Bildschirm: Rahmenkonstruktion für das jüngere Selbst.
Visualisierung: der Schüler sieht sich selbst auf dem Stuhl sitzen.
Lehrer: steht mit dem Schüler hinter seinem Stuhl.

DISSOZIATIVE ZUSTÄNDE BEIM LERNEN

Schülerin hatte zunehmend Probleme in der Schule. Sie hatte psychosomatische Beschwerden und arbeitete nicht mit.

Beim Verändern der Geschichte sollte sie sich an eine bestimmte Situation erinnern. Sie wurde blaß, ihre Atmung wurde schnell und flach, und sie begann hysterisch zu weinen. Der Autor brauchte all seine Geschicklichkeit beim Pacen, um sie wieder zu beruhigen. Sie beschrieb dann die Situation, die sie gesehen hatte: „Meine Mutter fuhr mich zur Schule; da kam ein Lastwagen um die Ecke, überfuhr ein Stoppschild und krachte gegen unser Auto. Meine Mutter und ich waren fast drei Wochen im Krankenhaus."

Der Unfall hatte sich ereignet, als sie 10 Jahre war, und ihre Schulschwierigkeiten begannen mit 11. Im Gespräch mit der Schülerin fand der Autor heraus, daß sie eine phobische Reaktion entwickelt hatte, die mit dem Weggang von zuhause zum Unterricht assoziiert war. Der Autor erklärte ihr dann die Dissoziation und etablierte einen Hier-und-Jetzt-Anker. Er stellte sich mit ihr hinter ihren Stuhl und forderte sie auf, sich vorzustellen, sie säße auf dem Stuhl und betrachte ihr Leben auf dem Bildschirm. So schaute sie sich ihr Leben zur Zeit des Unfalls an. Er bat sie, sie sollte ihrem jüngeren Selbst (zur Zeit des Unfalls) sagen, daß sie und ihre Mutter überlebt hatten und sie sollte ihr jüngeres Selbst trösten. Mit einer neuen Einsicht wurde sie in die Gegenwart zurückgeholt.

Ein anderer Fall von Schulphobie betraf einen vierzehnjährigen Schüler, der in Panik geriet, wenn er sich morgens zum Weggehen zur Schule vorbereitete. Der Zustand wurde so schlimm, daß er zu Hause unterrichtet werden mußte. Auch hier half die Dissoziationstechnik, um die Phobie zu heilen.

Beide Fälle zeigen, wie sich Phobien entwickeln können. Beide Schüler hatten ein traumatisches Erlebnis. Wenn sie sich assoziiert an die Szene aus ihrer Kindheit erinnern, ist das so traumatisch, daß sie die Kontrolle verlieren und in Panik geraten. In beiden Fällen gab es eine Schlußfolgerung, die visuell gespeichert wurde. Die negative kinästhetische Auswirkung wurde generalisiert und mit dem Schulbesuch assoziiert (wie unten erklärt):

STIMULUS Traumatisches Ereignis	→	Assoziation	→	RESPONSE Phobische Reaktion

Diese einfache Formel zeigt, daß der Schüler das ursprüngliche Erlebnis gar nicht wiedererleben muß. Der Schüler erlebt nur die Assoziation wieder, die mit dem Trauma assoziiert ist. In beiden Fällen wurde die Schule mit dem Trauma assoziiert und löste die phobische Reaktion aus. Bei beiden Schülern kehrte die Phobie wieder, wenn die Erinnerung wiederbelebt und assoziiert betrachtet wurde.

Zum besseren Verständnis des Vorgangs eine Metapher: Betrachtet der Schüler das ursprüngliche negativ assoziierte Erlebnis, so ist das, als wäre es auf einem Videoband aufgezeichnet. Das Band scheint eine Schleife im Gehirn zu sein, es wird immer wieder abgespielt, so daß der Zeitabschnitt, in dem sich das Trauma abspielte und die Phobie entstand, zeitlich allgegenwärtig wird. Existiert ein Trauma, dann läuft immer, wenn der Betroffene sich daran erinnert und das Geschehen visualisiert, das Band bis zu einem bestimmten Punkt ab und beginnt dann wieder von vorne. Bei jedem erneuten Beginn wird an das Geschehen erinnert, so daß die assoziierte kinästhetische Reaktion wieder und wieder erlebt wird. Es ist, als ob der Film im Kopf desjenigen stehenbleibt und dauernd nur die gleiche Schleife abgespielt wird.

Dies erklärt warum die Dissoziationstechnik so wirkungsvoll ist. Dabei kann die betroffene Person die vollständige Szene von Anfang bis Ende und von rückwärts bis vorwärts betrachten, und zwar aus einer ganz neuen Perspektive. So bekommt das traumatische Material auf einmal einen Anfang und ein Ende. Damit kann

der Betroffene das Erlebnis bewältigen und abschließen. Darüber hinaus wird das Bild vom Gefühl getrennt.
Wenn Sie diese Technik anwenden, erschließen Sie sich mit der Zeit automatisch weitere Anwendungsbereiche. Nachfolgend eine Beschreibung der Dissoziation:

1. Rapport aufbauen und halten.

2. Richten Sie einen Anker für den Hier-und-Jetzt-Zustand ein. Bleibt der Schüler in einer Assoziation stecken, hilft dieser Anker, um ihn in die Wirklichkeit zurückzuholen.

3. Fragen Sie den Schüler nach dem letzten Auftreten der Reaktion. (Manchmal ist ein Verändern der Geschichte nötig, um an das Ursprungserlebnis zu kommen.)

4. Ankern sie diesen Zustand, unterbrechen Sie und testen Sie den Anker.

5. Fordern Sie den Schüler auf, das Erlebnis mit den dazugehörigen Gefühlen auf eine imaginäre Filmleinwand zu projizieren.

6. Der Schüler soll den Film bis zu dem traumatischen Erlebnis ablaufen lassen und dieses Bild dann auf dem Bildschirm belassen. Dann soll er sich vorstellen, daß er seinen Körper verläßt und sich das Bild aus der Position hinter seinem Stuhl betrachtet.

7. Ankern Sie die Dissoziation.

8. Dann bitten Sie den Schüler, sich die Szene vorwärts und rückwärts so lange zu betrachten, bis ihm aus dieser Perspektive etwas auffällt, an das er vorher nicht gedacht hatte. Ist dies der Fall, dann zum nächsten Schritt.

9. Der Schüler soll sich mit seinem jüngeren Selbst unterhalten und ihm sagen: „Ich komme aus der Zukunft, ich habe überlebt und ich habe gelernt, daß ....“ Das jüngere Selbst soll getröstet werden und als ein Teil des gegenwärtigen Selbst akzeptiert werden. Der Schüler soll seine neuen Erkenntnisse mit in seine Gegenwart bringen.
   Anmerkung: Eine wirkungsvolle Ergänzung ist ein Anker für Ruhe und Entspannung, der vor dem Dissoziationsanker gesetzt wird. Er kann ausgelöst werden, wenn das jüngere Selbst beruhigt wird.)

10. Um die Dissoziation sicher zu machen, kann der Film rückwärts abgespult und dabei das Bild verkleinert werden. Der Kontrast kann verringert werden, bis die Szene nur noch ein kleiner Fleck ist, der dann in den Raum entschwindet.

11. Überprüfen Sie das Ergebnis und vergessen Sie nicht in die Zukunft zu überbrücken (Future Pacing).

Wenn eine Phobie geheilt wird, muß unbedingt überprüft werden, ob diese nicht auch eine Schutzfunktion hatte. Ist das der Fall, sind neue Lernstrategien zu installieren.

Beispielsweise arbeitete einer der Autoren mit einem Fall von Phobie, wo die Schülerin jeden Tag von den Eltern zur Schule gebracht und abgeholt wurde. Sie lebte in einer Sackgasse mit wenig Verkehr. Nachdem sie nun geheilt war und mit Schulkameraden zur Schule ging, mußte sie erst das Verhalten im Straßenverkehr lernen; vorher hatte sie das nicht gebraucht.

Zum Abschluß: Diese Technik ist so wirkungsvoll, daß Sie vor deren Anwendung zusätzliche Unterweisung und Übung haben sollten. Geschickt angewendet, erzielen diese Methoden eine große Wirkung.

Außerdem: **Sie sollten sich jedoch daran erinnern, daß Ihre Aufgabe als Lehrer primär im erzieherischen Bereich liegt. Beim Vorliegen tiefsitzender emotionaler Probleme empfehlen Sie entsprechend ausgebildete Therapeuten.**

KAPITEL 6

LERNSTILE UND LERNSTRATEGIEN

Überblick

In diesem Kapitel wird Ihnen gezeigt, wie Sie den Lernstil eines Schülers herausfinden können. Die individuellen Methoden der Schüler beim Lernen sind häufig nicht die effektivsten. Sie als Lehrer werden hier mit einigen der neuesten Forschungsergebnisse bekannt gemacht, die sich als vielversprechend für die Entwicklung optimaler Lernmethoden erwiesen haben. Sie lernen, wie Sie individuelle Lernstile herausfinden und kodieren können. Mit diesen Kenntnissen können Sie Ihren Schülern wirksamere Methoden beibringen.

Begriffe

EFFEKTIVE KOMMUNIKATION FÜR EFFEKTIVES LERNEN – In diesem Konzept kommt die NLP-Philosophie zum Ausdruck, die besagt, daß jeder Lehrer dafür verantwortlich ist, daß er in seiner Kommunikation den Lernstil des Schülers berücksichtigt. Wenn die Übermittlungskanäle zwischen Lehrer und Schüler nicht kongruent sind, ist kein optimaler Lernerfolg möglich. Ist das primäre Repräsentationssystem eines Schülers visuell, muß der Lehrer darauf achten, daß er dies in seiner Kommunikation berücksichtigt. In einem solchen Fall wäre der Lehrer gut beraten, wenn er visuelle Prädikate benutzt und Anschauungsmaterial heranzieht.

AUGENZUGANGSHINWEISE – Die Bewegungen der Augen in verschiedene Richtungen.

LINKE HEMISPHÄRE – In der linken Gehirnhälfte werden auditive Eindrücke verarbeitet.

R E C H T E H E M I S P H Ä R E – Diese Hemisphäre ist für visuelle Eindrücke zuständig.

L E R N S T R A T E G I E N – Die individuelle Auswahl und Abfolge der Repräsentationssysteme für bestimmte Aufgaben oder Problemlösungen. Zum Beispiel löst jemand ein mathematisches Problem, indem er erst die Frage laut wiederholt, sich dann ein Bild davon macht und auditiv antwortet. Die Strategie wäre „auditiv – visuell – auditiv" (kodiert als A, V, A). Der Lehrer findet die Strategie durch Beachtung der Augenbewegungen und der Prädikate.

N E U R O L O G I S C H E R Ü B E R B L I C K – Die Illustration zeigt die Augenbewegungen und die entsprechenden Repräsentationssysteme, die für die Mehrzahl der Bevölkerung gültig sind. (Siehe Anhang 3.)

V E R G L E I C H E N D E A N A L Y S E – Ein Vergleich verschiedener Lernstrategien, um die effektivste herauszufinden.

LERNSTILE UND LERNSTRATEGIEN

Immer mehr Lehrer stellen fest, daß einige der traditionellen Methoden des Unterrichtens keine optimalen Erfolge zeitigen. Starker Druck, um die Schüler zu motivieren, erreicht oft gerade die gegenteilige Wirkung. Druck erzeugt unangebrachte Ängste und Frustration und, noch schlimmer, Druck zerstört die Kreativität und Freude am Lernen. Das eigentliche Potential der Schüler wird unterdrückt.

Es gibt viele Studien über die besten Unterrichtsmethoden. Aber bei den meisten gibt es ebenso viele Befürworter wie Gegner der jeweiligen Methode. Einige Theorien wurden wissenschaftlich getestet, andere nicht (oder der Praxistest steht noch bevor). Die Arbeiten von Dilts, Bandler, Grinder und anderen haben einen bedeutenden Beitrag für den Fortschritt auf diesem Gebiet gebracht.

STUFE I: Effektive Kommunikation für effektives Lernen

In der Beziehung zu anderen Menschen gibt es nichts Wichtigeres als die Kommunikation. Durch Kommunikation wird Wissen übermittelt, werden Bedürfnisse mitgeteilt und Gedanken und Gefühle verständlich gemacht. Es ist das wesentliche Ziel unseres Erziehungssystems, den Schülern Informationen und Meinungen zu vermitteln. Dies hilft ihnen, unsere sich rasch ändernde Welt zu verstehen, sich anzupassen und auf diese Welt fördernd einzuwirken. Um die Wissensvermittlung zu optimieren, wird nach verbesserten Methoden der Kommunikation mit Schülern und Studenten gesucht.

Ein sehr eindrucksvolles Kommunikationsmodell befaßt sich mit der Art der Weitergabe von Informationen. Dieses Modell wird Ihr Wissen um die Übermittlung von Informationen erweitern und Ihnen helfen, Ihre Fähigkeiten im Unterrichten zu verbessern.

Der Lehrer beginnt in diesem Modell mit der Beobachtung der Augenbewegungen der Schüler. Alle Nerven des Körpers sind auf irgendeine Weise mit den Nerven auf der Rückseite der Augen verbunden. Äußere Stimuli werden von den Augen an verschiedene Teile im Gehirn weitervermittelt. Dadurch werden unterschiedliche Teile des Gehirns mit den Augenbewegungen stimuliert. Die Richtung der Augenbewegungen gibt Hinweise darauf, welche Bereiche des Gehirns stimuliert werden, wenn Information aufgenommen, interpretiert und gespeichert wird (Dilts, 1976). Information kann so vermittelt werden, daß sie vom Lernenden leicht und unmißverständlich interpretiert werden kann. Um das zu können, muß der Lehrer die Augenbewegungen und Gehirnfunktionen beim Lernen kennen.

LERNSTILE

Beim Training der NLP-Practitioner fanden die Autoren heraus, daß viele von ihnen Schwierigkeiten hatten, wenn es um die Beschreibung der Augenbewegungen ging: Die Bestimmung von rechts oder links variiert je nach Standpunkt; es ist also wichtig, ob man Beobachter oder beobachtetes Objekt ist. Deshalb wäre es nützlich, sich wie folgt vorzubereiten: Malen Sie die Abbildung mit dem Titel "Neurologische Übersicht des Gesichts" (siehe Anhang 4) auf ein großes Blatt Papier. Schneiden Sie davon die Augen aus. Halten Sie es vor das Gesicht desjenigen, mit dem Sie arbeiten. Beachten Sie dann die Markierungen von rechts und links auf dem Papier. Diese gelten für den **Beobachter**. (Im Text ist jeweils angegeben, ob das Objekt oder der Beobachter Bezugspunkt ist.)

Zuerst muß der Lehrer lernen, welche Augenbewegungen auf welche Art der sinnlichen Wahrnehmung hinweisen. Denken Sie an das Konzept des Kalibrierens von äußeren Wahrnehmungen und inneren Zuständen. Genauso müssen die Augenbewegungen des Schülers kalibriert werden: welche Richtung entspricht welcher sinnesspezifischen Reaktion. (Verwenden Sie die Fragen in Anhang 5 als Hilfe zum Kalibrieren.) Im Folgenden ist die neurologische Organisation der meisten Rechtshänder erklärt. Dennoch ist individuelles Kalibrieren immer notwendig.

Hat ein Schüler Zugang zu speziellen Partien seines Gehirns, wird auch ein spezieller Wortschatz verwendet. Beobachten Sie einen Schüler, der nach einer visuellen Erinnerung gefragt wird, wie z. B. „Wie schaut das Badezimmer bei dir zuhause aus?" Gewöhnlich gehen die Augen nach oben und rechts (vom Beobachter gesehen). Dies bedeutet, daß der Schüler die Information erhielt, indem er sein visuelles Zentrum in seiner rechten Hemisphäre aktivierte. Würde er gefragt: „Kannst du dir vorstellen, rotes, langes Haar zu haben?", dann gingen seine Augen nach oben und vom Beobachter gesehen links. Wieder wird die rechte Gehirnhälfte aktiviert, aber dieses Mal wird eine visuelle Vorstellung davon geschaffen, wie er wohl mit langen, roten Haaren aussehen würde. Wenn die

Augen nach oben links gehen (vom Beobachter aus), werden Bilder konstruiert.

Nun zu einer Bemerkung mit auditivem Inhalt wie z. B. „Denke an den Klang der Stimme deiner Mutter.“ Die Augen des beobachteten Schülers gehen in Richtung des linken Ohrs des Schülers, er hat jetzt Zugang zur auditiven Hemisphäre des Gehirns (Dilts, 1978). Sind die Augen waagrecht und links (vom Beobachter rechts) zeigt dies, daß der Schüler Worte oder Klänge auditiv erinnert. Versucht er, ein neues Wort oder einen Namen auszusprechen, ist die Augenbewegung waagrecht nach rechts, der Schüler konstruiert auditiv. Wenn jemand mit sich selbst spricht, können Sie feststellen, daß seine Augen nach unten links gehen (vom Beobachter aus rechts).

Wird ein Schüler nach seinen Gefühlen gefragt, „Wie ist das Gefühl, wenn du von einem geheizten Raum nach draußen in die Kälte gehst?“, bewegen sich seine Augen nach unten rechts (vom Beobachter gesehen links). Damit wird die kinästhetische Region des Gehirns stimuliert.

Gefühle werden in diesem Text als kinästhetische Reaktionen verstanden, die in internale und externale sinnliche Wahrnehmungen unterteilt sind. Denken Sie einmal daran, als Sie das letzte Mal wütend waren. Erleben Sie dieses Gefühl nochmals. Welche körperlichen Veränderungen spüren Sie z. B. in der Brust, im Magen im Gesicht, an den Armen usw. Diese Gefühle sind von der Bewegung Ihrer Augen nach unten rechts begleitet.

Schaut ein Schüler geradeaus bzw. starrt er vor sich hin, ist wieder der visuelle Bereich aktiv. Der Schüler kreiert innere Bilder. Erzieher dachten bisher immer, dies bedeute, daß der Schüler träumt und nicht aufpaßt. Das kann sein, muß aber nicht sein. Das kann auch ein Zeichen dafür sein, daß der Schüler Informationen visuell verarbeitet, um sie begreifen zu können.

LERNSTILE

Versuchen Sie ein Experiment. Geben Sie einem Schüler eine mathematische Aufgabe, die er mündlich lösen soll. Wenn er dann anscheinend vor sich hinstarrt, dann bewegen Sie Ihre Hand vor seinem Gesicht. Die inneren Bilder werden unterbrochen und Konfusion verursacht. Jetzt fragen Sie den Schüler nach der Lösung des Problems. Die meisten Menschen sind nicht in der Lage, dieser Aufforderung nachzukommen.

Die erste Augenbewegung, die als Antwort auf eine Situation oder in einem Gespräch erfolgt, gibt Aufschluß über das sogenannte Leitsystem. Durch die Augenbewegungen wird ein bestimmter innerer Prozeß zur Informationssuche in Gang gesetzt. Der bevorzugte innere Prozeß wird das Leitsystem genannt. Die Bestimmung des Leitsystems ist der erste Schritt, um die Strategie der Informationsverarbeitung herauszufinden. (Augenbewegungen sind nicht dauernd zu sehen, erst dann, wenn jemand nach Informationen sucht.)

Wenn der Lehrer mit dem Schüler spricht, sollte er ihn genau beobachten, um das Leitsystem, das der Schüler am häufigsten benutzt, festzustellen. Dann kann sich der Lehrer mit dem Schüler in dessen System unterhalten (visuell, auditiv oder kinästhetisch) und erreicht so möglichst effektive Kommunikation.

Bewegt der Schüler seine Augen überwiegend nach oben rechts oder links, läßt sich daraus schließen, daß er am besten im visuellen Bereich arbeitet. Der Lehrer sollte also im Gespräch mit ihm visuelle Prädikate verwenden wie **sehen**, **beobachten**, **wahrnehmen**, etc. Damit paßt sich der Lehrer der Methode des Schülers an, wie dieser Information verarbeitet. Benützt der Lehrer visuelle Prädikate, obwohl das Leitsystem des Schülers kinästhetisch ist, so ist das Mismatching.

Es ist sehr vorteilhaft für den Lernprozeß, wenn der Lehrer flexibel ist und sein Wissen und seine Methoden auf der Ebene vermittelt, die der Schüler versteht. Sagt z. B. ein Schüler „Ich **begreife** nicht, was Sie sagen", (Augen unten links vom Beobachter aus) und der Lehrer fragt dann „Kannst Du nicht **sehen** wie das Wasser fließt?", so bewegt sich der Lehrer im visuellen Bereich, der Schüler jedoch im kinästhetischen. Im Idealfall sollte der Lehrer zum kinästhetischen Schüler sagen: „**Fühle,** wie das Wasser fließt," anstatt „**Sieh**, wie das Wasser fließt."

Lernen Sie die Neurologische Übersicht des Gesichts in Anhang 3. Dies ist nur die erste Stufe bei der Identifizierung des Lernstils eines Schülers. Denken Sie auch daran, daß die Übersicht in Anhang 3 nur für die **Mehrheit** aller Rechtshänder gilt. Das Leitsystem kann durch Kalibrieren überprüft werden; verwenden Sie dazu die Fragen in Anhang 5. Ihre Fähigkeit, Lernstile zu verstehen und zu identifizieren, wird mit der Erarbeitung der nächsten Stufen noch weiter anwachsen.

STUFE II: Lernstrategien

Die Analyse von Lernstrategien ist ein schwieriger Prozeß, der auf der Bestimmung des Leitsystems aufbaut und mit Pacen weitergeführt werden kann. Hören Sie im Gespräch mit jemand auf die ersten drei Prädikate, die er verwendet. Prädikate sind die Prozeßwörter (Verben, Adverbien und Adjektive), die der Einzelne für die Beschreibung seiner Erfahrungen benutzt. Sind das Prädikate aus dem visuellen Bereich, so ist das Leitsystem visuell, bei auditiven Prädikaten auditiv usw. So sagt z. B ein Schüler: „Ich verstehe Mathe besser, wenn der Lehrer es zuerst langsam **zeigt**, wenn ich es mehrmals **schreibe** und mir dann **vorsage**."

Analysieren Sie die Strategie nun mit Hilfe der Neurologischen Übersicht. In diesem Fall gingen die Augen des Schülers nach oben, „...wenn ich sehe...", das Prädikat war visuell. Als er sagte: „ich schreibe ..." bewegte er die Augen nach unten rechts; das Prädikat war kinästhetisch. Schließlich bewegte er die Augen nach unten links und bemerkte: „...sage mir vor..."; er ist also im inneren Dialog (auditiv). Dieser Lernstil wird wie folgt dargestellt:

LERNSTILE

V – K – A

Beachten Sie, daß der Schüler nicht immer nach diesem Muster arbeitet. Deshalb sollten sie den Lernstil an mehreren Beispielen herausfinden, um das dominante Muster zu erfassen. Das ergibt mehr Genauigkeit beim Kalibrieren.

Als nächstes wäre herauszufinden, ob dieses erste Muster auch dann angewandt wird, wenn ein Text zu lernen ist. Der Lehrer sollte besonders darauf achten, ob der Lernstil des Schülers überhaupt effektiv ist. Einige Schüler haben sich Methoden angeeignet, die im jeweiligen Fach nur magere Ergebnisse bringen. In solchen Fällen sollten die Lehrer den Schülern helfen, neue, geeignetere Methoden zu finden. Die beste Lernstrategie ist diejenige, die den Schüler auf einfachste Weise zum Ziel bringt.

Beispielsweise wurde bei einem Schüler beobachtet, daß er beim Erlernen der Addition mit dem Muster V – K – A Erfolg hatte. Der Lehrer sieht nun, daß er bei der Multiplikation diese Reihenfolge ändert: Der Lehrer **erklärt** die Multiplikation, der Schüler **wiederholt die Worte** und **schreibt** sie dann nieder. Die neue Strategie ist also A – A – K. Der Lehrer merkt, daß der Schüler Schwierigkeiten hat, sich die Multiplikationsregeln zu merken.

Als der Lehrer die Situation analysiert, erinnert er sich an die Aufgaben, die der Schüler gut bewältigt hatte. Die Lernstrategien werden verglichen: V – K – A gegenüber A – A – K. Um Multiplikation zu unterrichten, sollte der Lehrer die gleiche Methode wie bei der Addition verwenden, da er damit erfolgreich war. Der Lehrer beginnt also, indem er a) die Regeln an die Tafel schreibt, b) die Schüler schreiben und c) die Regeln nachsprechen läßt. Damit hat er das ursprüngliche Muster wiederholt und der Schüler wird weniger Schwierigkeiten bei der Multiplikation haben.

Auch Lehrer haben spezielle Strategien, auf die die Schüler mit ihren eigenen, dominanten Methoden oder mit einer angepaßten

Strategie reagieren. Das kann sinnvoll sein, kann aber auch wenig effizient sein. In unserem Beispiel wechselte der Lehrer von der visuellen zur auditiven Darstellung und der Schüler stellte sich darauf ein.

Wenn der Lehrer nun zu seiner ursprünglichen Strategie zurückkehrt, nimmt auch der Schüler sein vorheriges Muster von V – K – A wieder auf. Der Lehrer muß eine vergleichende Analyse vornehmen, um herauszufinden, wie gut der Schüler die Multiplikation mit dem alten Muster begriffen hat. Alle Lernstrategien müssen mit Hilfe eines Vergleichs getestet werden. Die Vergleichsanalyse der Strategien zeigt, welche von beiden am besten zum gewünschten Ziel führt.

Der grundlegende Gedanke ist folgender: Der Lehrer muß genau beobachten und zuhören, um herauszufinden, wie der Schüler am effektivsten lernt. Diese Strategie wird extrahiert, auf andere Situationen übertragen und analytisch verglichen, um die Wirksamkeit für das jeweilige Fach und den Schüler zu testen.

Was in einem Fach eine gute Strategie ist, kann in einem anderen untauglich sein. Denken Sie nur an den erfolgreichen Lehrer, der zum Direktor befördert wird. Wenn der Direktor seine Kollegen oder Lehrer genauso behandelt wie vorher seine Schüler, wird es einigen Widerstand geben. Einiges, was im Umgang mit Schülern nützlich ist, mag auch bei Lehrern ankommen. In anderen Dingen nimmt sich der neue Direktor vielleicht besser andere Direktoren als Vorbild.

Genauso kann es vorkommen, daß ein Schüler keine effektive Lernmethode für ein bestimmtes Fach hat. Seine erfolgreich erprobte Methode aus anderen Fächern greift bei diesem Thema nicht. In diesem Fall bietet es sich an, die Methode eines Schülers, der dieses Fach gut beherrscht, zu extrahieren. Der Schüler, der Schwierigkeiten hat, sollte diese Strategie dann lernen.

STUFE III: Mehr über Lernstrategien

Bei der Bestimmung der Lernstrategien ist es außerdem wichtig, die internalen und die externalen Anteile der Strategie zu bestimmen. Internal bedeutet, daß jemand nach innen geht, ein Gefühl hat, zu sich selbst spricht und/oder sich ein inneres Bild macht.

Internales Sehen wird als V^i bezeichnet (visuell, internal). Informationen und Bilder aus der Vergangenheit, die mit der gegenwärtigen Situation assoziiert werden, notieren als V^i_{er} (visuell, erinnert). Innerer Dialog wird abgekürzt als A^i (auditiv, internal), internale Gefühle als K^i (kinästhetisch, internal). Das Gleiche gilt für die externalen Stimuli: Visuelle Wahrnehmung der Umwelt wird als V^e (visuell, external) dargestellt, etwas „von außen" hören als A^e (auditiv, external), körperliche Berührungen als K^e (kinästhetisch, external).

Um diese Unterscheidungen anzuwenden, muß der Lehrer bei den Prädikaten darauf achten, ob sie internal oder external sind, desgleichen bei den Repräsentationssystemen. Die einzelnen Notierungen hier im Überblick:

V^i_{er}: Visuell, erinnert (= internal erinnert, aus der Vergangenheit geholt). Beispiel: Ich sehe eine Puppe, die ich im Alter von zwei Jahren hatte.
(V^i_k = visuell, konstruiert (= internal konstruiert) Beispiel: Ich stelle mir innerlich etwas bildlich vor, was ich so noch nie gesehen habe, etwa meinen Großvater mit lila gefärbten Haaren.)

A^i: Auditiv, internal (innerlich geschaffene auditive Vorstellung). Beispiel: Ich höre mich selbst „Hallo" sagen.

K^i: Kinästhetisch, internal (innerlich erzeugte Gefühle). Beispiel: Ich fühle mich innerlich glücklich.

V^e: Visuell, external (visuelle Wahrnehmung der Umgebung). Beispiel: Ich sehe die Sonne auf diesem Bild.

A^e: Auditiv, external (Wahrnehmung von Lauten und Geräuschen, die von außen kommen). Beispiel: Ich höre das Lachen in deiner Stimme.

K^e: Kinästhetisch, external (eine von außen verursachte Gefühlswahrnehmung). Beispiel: Deine Berührung ist warm und zärtlich.

Die folgenden Beispiele dienen der weiteren Veranschaulichung:

Beispiel 1: Ein Schüler lernt sehr gut, indem er etwas anschaut, dann dazu Fragen stellt, und schließlich das Gefühl bekommt, daß er es kann. Seine Strategie ist also V^e – A^e – K^i. Um diesem Schüler die Photosynthese beizubringen, sollte der Lehrer 1) eine Zeichnung der Photosynthese zeigen (V^e); 2) eine Frage dazu stellen (A^e), und 3) eine Aussage machen, sein Gefühl betreffend (K^e). Der Lehrer könnte sagen: „Wenn du die Darstellung der Photosynthese **siehst**, **fragst** du dich vielleicht, wie Licht in Energie verwandelt wird, und du bekommst ein **Gefühl** wachsender Neugierde." Mit diesen Anweisungen hat der Lehrer sich der Strategie des Schülers angepaßt, um diesen optimal zu unterrichten. (Anmerkung: A^e könnte auch A^i sein, wenn der Schüler die Frage nicht laut ausspricht.)

Anmerkung: Die Lernstrategie muß an mehreren Beispielen untersucht werden. Dann können Sie feststellen, welche am häufigsten und in welchen Fächern oder Situationen angewandt wird.

Beispiel 2: Joan hört eine Geschichte von einer roten Blume. Sie schaut sich das Wort an (V^e). Dann wendet sie ihre Aufmerksamkeit nach innen und macht sich ein Bild einer roten Blume (V^i). Dieses verbindet sie mit einem Gefühl (K^i). Die Abfolge ist also V^e – V^i – K^i.

Wenn die Schülerin nach etwas gefragt wird, was sie gelesen hat, schaut sie nach oben (V^i), dann nach unten rechts (K^i) und spricht (A^e). Sie schaut wieder nach links oben (V^i_{er}) und nach rechts unten (K^i), während sie die Geschichte erzählt. Auf diese Weise kann sie wiedergeben, was sie gelesen hat.

An Prädikaten verwendet sie: „Ich kann mir vorstellen ...(V^i) und ich kann spüren, wie es passiert (K^i)"; die Strategie ist V^i – K^i. Beachten Sie die Übereinstimmung zwischen den Augenbewegungen und den Prädikaten. Aufgrund wiederholter Beobachtungen läßt sich die Erinnerungsstrategie dieser Schülerin eruieren. Hat der Lehrer die erfolgreichste Strategie festgestellt, kann er sie der Schülerin bewußt machen, damit sie diese auch in anderen Fällen einsetzen kann.

Anmerkung: Der Lehrer kann auch Strategien von anderen Schülern heranziehen und sie von der Schülerin ausprobieren lassen. Dann kann sich zeigen, welche für sie paßt.

STUFE IV: Evozieren (*eliciting*) einer Strategie

Neben der Beobachtung von Augenbewegungen und Prädikaten gibt es einen weiteren Weg, eine Strategie zu evozieren. Dies geschieht, indem man den Schüler über sein Tun befragt. Die Antworten erbringen die Strategie aus zurückliegenden Tätigkeiten.

In unserem Beispiel trifft der Lehrer Billy das erste Mal. Er hat Schwierigkeiten, sich das Einmaleins zu merken. In einem kleinen Test zeigt sich, daß der Schüler Additionsaufgaben sehr gut bewältigt. Es gilt jetzt herauszufinden, welcher Schritt zum Erfolg bei der Addition führte. Ist die Strategie für das Erlernen der Addition definiert, kann der Lehrer den Schüler die Anwendung dieser Strategie beim Multiplizieren lehren. Der Lehrer geht folgendermaßen vor:

Der Lehrer erreicht Rapport mit dem Schüler.

Lehrer: „Billy, erinnerst du dich an Mathematikaufgaben, die du leicht gelernt hast?“

Billy: „Hmmm. Addieren bis 100 habe ich schnell und gut gekonnt.“ (Augen gehen nach links oben.)

Lehrer: „Wie konntest du das so gut behalten?“

Billy: „Ich weiß es nicht. Ich habe es einfach gelernt.“ (Augen gehen nach oben links.)

Lehrer: „Wie hast du gelernt?“

Billy: „Mein Vater zeigte mir kurz die Aufgaben auf Karten, ich schaute sie mir an (V^e) und antwortete (A^e). Dann nahm er die Karten weg, ich stellte mir die Zahlen vor (V^i) und schrieb sie hin (K^e). Ich weiß wirklich nicht, wie ich sie lernte.“

Obwohl Billy der Vorgang nicht bewußt ist, läßt sich die Abfolge der einzelnen Schritte leicht feststellen. Seine Strategie ist V^e – A^e – V^i – K^e. Nimmt man noch die Augenbewegungen und die Prädikate hinzu, hat man seine Strategie beim Addieren.

Übernimmt man diese Vorgehensweise für die Multiplikation, müßte es dem Schüler leichtfallen, sich auch diese zu merken. Da Billys Vater nicht mehr zuhause ist, muß die Mutter oder ein anderer Schüler die Karten halten. Am besten werden die Karten links oberhalb von Billys Augen gehalten und er wiederholt die Zahlen, während er sie sich bildlich vorstellt und dann aufschreibt.

„TOTE“ ist ein Modell für guten Unterricht. Der Lehrer muß **T**ESTEN, was der Schüler weiß, **O**PERATE (praktizieren), d. h. ein Thema aufgrund einer bestimmten Strategie unterrichten, **T**ESTEN, was behalten wurde, und schließlich **E**XIT (aufhören), wenn der Schüler gut gelernt hat. Aus TEST – OPERATE – TEST – EXIT wird „TOTE“. Stellt sich heraus, daß eine bestimmte Methode für ein Gebiet nicht effektiv ist, muß der Lehrer weitere Methoden testen, bis er eine wirksame gefunden hat, mit der der Schüler erfolgreich ist.

LERNSTILE

Anschließend sind eine Reihe Leitsätze und Fragen aufgeführt, mit denen sich Strategien der Schüler evozieren lassen:

1. Der Schüler soll sich erinnern, wann er eine ähnliche Aufgabe gut erledigt hat.

2. Fragen Sie ihn, was er getan hat, um jene Aufgabe zu bewältigen.

3. Fragen Sie ihn, was er zuallererst getan hat.

4. Fragen Sie ihn, was er dann getan hat, und danach, etc.

5. Fragen Sie ihn, was Schritt für Schritt von Anfang bis Ende getan wurde.

Damit extrahieren Sie eine Lernstrategie des Schülers und können ihm helfen, diese auf eine neue Situation zu übertragen. Vielleicht wird es notwendig, daß der Schüler demonstriert, was er getan hat, damit Sie leichter die einzelnen Schritte finden können.

Kann er nicht demonstrieren, was er vorher getan hat, dann unterteilen Sie sein Vorgehen in sehr kleine Einheiten, um so das Muster herauszukristallisieren. Folgende Fragen können dabei benützt werden:

1. Wie ist das, wenn du ....?
2. Was hast du getan, um zu ......?
3. Was geschah, bevor du ....?
4. Was geschah, nachdem du ....?
5. Was hast du dann getan ....?
6. Was mußtest du tun, um zu .....?
7. Was geschieht, wenn du ....?
8. Wann hast du zum letzten Mal ..?
9. Hast du jemals .... gekonnt?
10. Was war damals anders, verglichen mit jetzt?

Natürlich müssen die Fragen der jeweiligen Person und Situation angepaßt werden. Es ist prinzipiell wichtig, ein Verhalten in kleinste Einheiten aufzuspalten und diese zu notieren.

Sinnvoll ist es, die Lernstrategie entweder von Schülern, die Lernschwierigkeiten haben, oder aber von sehr guten Schülern zu extrahieren. Es folgen einige Beispiele; analysieren Sie die Strategie und vergleichen Sie dann mit den Antworten am Ende des Kapitels. Gehen Sie **nicht** zum nächsten Kapitel weiter, ehe Sie die Übungen ausgeführt haben.

Beispiel 1: Die Schülerin schaute ins Buch, sie sprach innerlich mit *(Subvokalisation)*, während sie las. Dann bewegte sie sich entsprechend der Beschreibung im Buch. Ihre Lernstrategie?

Beispiel 2: Der Schüler beobachtete, wie der Lehrer eine gymnastische Übung demonstrierte. Dann ging sein Blick nach rechts oben und er ging die Übung im Geist noch einmal durch. Er ging zum Barren und probierte die Übung. Er stellt jedoch fest: „Ich habe kein gutes Gefühl dabei." Er wiederholte die Übung und sagte dann, „jetzt fühle ich mich gut dabei."

Beispiel 3: In derselben Unterrichtsstunde (Beispiel 2) beobachtete eine Schülerin den Lehrer und machte die einzelnen Bewegungen gleich mit. Während sie sich bewegte, beschrieb sie, was sie tat. Sie wußte, daß die Übung saß, wenn sie sich die einzelnen Schritte vorsagen konnte.

Antworten: Beispiel 1: $V^e - A^i - K^e$
Beispiel 2: $V^e - V^i - K^e - K^i$
Beispiel 3: $V^e - K^e - A^e - A^i$

KAPITEL 7

GUTE LERNSTRATEGIEN EXTRAHIEREN oder WIE LERNT MAN LERNEN

Überblick

Mit diesem Kapitel werden Sie in die Lage versetzt, effiziente Lernstrategien von erfolgreichen Schülern zu extrahieren, um diese den Schülern nahezubringen, die Schwierigkeiten beim Lernen haben. Viele Schüler erbringen unzureichende Leistungen, da ihre Methoden ungeeignet sind. Diese Schüler bleiben in ihren Leistungen hinter ihren Möglichkeiten zurück, wenn man ihnen nicht beibringt, wie sie am besten lernen. Mit den geeigneten Methoden können die Schüler Leistungen erreichen, die weder sie selbst noch ihre Lehrer für möglich gehalten hätten.

Begriffe

GLAUBENSSYSTEM *(belief system)* – Eine innere Erwartungshaltung in Bezug auf Erfolg oder Mißerfolg. Mißerfolg auf einem bestimmten Gebiet erzeugt den Glauben, daß man in diesem Fach nicht gut oder nicht begabt sei. Dies wird häufig von der Umwelt bestätigt. Dieser Glaube führt dazu, daß man sich zukünftigen Aufgaben nicht gewachsen glaubt und damit Scheitern vorprogrammiert.

NEUROLOGISCHE PHYSIOLOGIE – Haltung, Tonalität und andere Aspekte der physischen Erscheinung stehen in Beziehung zur Arbeitsleistung. Durch Imitation der Haltung, Atmung, etc. eines erfolgreichen Schülers läßt sich dessen Erfolgsstrategie erlernbar machen.

GUTE LERNSTRATEGIEN EXTRAHIEREN oder WIE LERNT MAN LERNEN

Der Lehrer stellt zunächst fest, welches Thema oder welche spezielle Fähigkeit er lehren will. Dann überprüft er, welche Schüler (oder andere Personen) auf diesem Gebiet gute Leistungen bringen oder die zu erlernende Fähigkeit bereits beherrschen. Diese sollten in der Lage sein, die anstehende Aufgabe flüssig und gut auszuführen. Am besten beobachtet der Lehrer mehrere gute Schüler.

Dann werden sowohl der Schüler als auch die Aufgabe nach folgenden Kriterien analysiert:

1. Neurologische Physiologie
2. Strategie
3. Glaubenssysteme
4. Gefühle

Im folgenden Text wird ein Gebiet auf diese vier Punkte hin untersucht. Verglichen werden die Methoden von Schülern mit guten Leistungen in der Rechtschreibung und von schwachen Schülern. Es wird gezeigt, was sie tun und wie sie lernen.

Neurologische Physiologie

Zunächst beobachtet der Lehrer Schüler mit guten Rechtschreibleistungen. Sie halten sich aufrecht, wenn sie buchstabieren, ihre Stimme ist gleichmäßig, die Tonlage eher hoch. Ihre Schultern, ihre Gesichtsmuskeln, ihr ganzer Körper sind entspannt, sie halten ihren Kopf gerade. Dagegen die Schüler mit schwachen Leistungen: sie sitzen oft vornübergebeugt, mit gesenktem Kinn, ihre Stimme schwankt. Sie sind angespannt, die Stirn ist in Falten gelegt. Sie bewegen unruhig die Augen und nehmen selten Blickkontakt auf.

Alle diese Aspekte beeinflussen das Lernen. Stellen Sie sich vor, Sie wollten mit gesenktem Kopf und nach außen gewendeten Handflächen einen Ball auffangen. Es ist sehr unwahrscheinlich, daß Ihnen dies gelingt, da Stellung und Koordination von Augen und Händen für diese Aufgabe ungeeignet sind. Ähnlich gehen schwache Schüler vor – ihre Haltung hindert sie daran, korrekt zu buchstabieren.

Beim Lernprozeß ist der Mensch als Ganzes involviert. Je besser der Lehrer versteht, wie die einzelnen Teile beim Lernen zusammenwirken, um so effektiver werden Lehren und Lernen.

Strategie

Es gibt viele Wege, um Strategien zu evozieren. Aus Gründen der Vereinfachung werden hier die Augenbewegungen dargestellt. Beobachtet man Schüler, die gut buchstabieren können, zeigt sich, daß sie entweder nach oben links oder defokussiert geradeaus schauen, während sie buchstabieren. Sie machen sich ein Bild von dem Wort, bevor sie es buchstabieren. Diese Methode ist sehr zuverlässig; weniger wirksam ist es, sich ein Wort innerlich vorzusprechen.

Gewinner von Rechtschreibwettbewerben wissen, daß viele englische Wörter anders ausgesprochen als geschrieben werden. In standardisierten Leistungstests schreiben viele Schüler „*many*" und „*come*" falsch, nämlich „meny" und „kom". Eine Studie von C. Van Nagel (1984) zeigte, daß 36% der falsch geschriebenen Wörter zu jenen gehörten, die in Aussprache und Schreibweise nicht übereinstimmen.

Bei schreibschwachen Schülern beobachtet der Lehrer, daß ihre Augen nach unten gerichtet sind oder sich von rechts nach links bewegen, während sie buchstabieren (siehe Abb. 6). Ihre Augen wandern suchend von rechts nach links und wieder zurück, anstatt nach links oben wie bei guten Schülern. Gewöhnlich läßt sich vorhersehen, daß ein Schüler fehlerhaft buchstabieren wird, wenn er die Augen hin- und herbewegt. Es gibt verschiedene Erklärungen für die Schreibfehler; eine Hypothese ist, daß die Schüler, wenn sie ihre Augen bewegen, von einem neurologischen System im Gehirn zu einem anderen schalten. Die benötigte Information kann im anvisierten Bereich gespeichert sein oder auch nicht. Die Augenbewegung kann selbst Ursache für fehlerhaftes Buchstabieren sein.

Schüler, die in Rechtschreiben gut sind, bewegen ihre Augen gewöhnlich nach links oben (siehe Abb. 7). Ihre Aufmerksamkeit ist auf diesen speziellen Bereich gerichtet, dadurch wird die visuelle Vorstellung des Wortes festgehalten. Bei guten Schülern folgt dann eine innere kinästhetische Überprüfung – sie scheinen zu wissen, wann sie ein Wort korrekt buchstabiert haben; ihr Gefühl sagt ihnen, ob ein Wort richtig geschrieben ist. Auch schwache Schüler wissen es meist, wenn sie falsch buchstabiert haben, sie „haben es gefühlt". Fast jeder hat ein System zur Überprüfung; dieses ist gewöhnlich internal.

Augenbewegungen sind außerordentlich wichtig, um den Lernerfolg zu überprüfen und den Erfolg beim Lernen zu optimieren. So ist es sinnvoll, wenn der Lehrer auf diesem Gebiet möglichst viel trainiert. Hier einige Vorschläge für die Praxis:

1. Schreiben Sie die Wörter an die Tafel (möglichst so, daß die Schüler nach links oben auf die Tafel schauen müssen).

2. Lassen Sie die Schüler die neuen Wörter auf Kärtchen schreiben, die dann kurz hochgehalten werden können.

3. Die Schüler sollen sich die Wörter merken, indem sie sich ein Bild von dem jeweiligen Wort machen, dann die Augen schlie-

LERNSTRATEGIEN

Im Rechtschreiben schwach:

Schritt 1:
Sie sprechen sich innerlich das Wort vor.

Schritt 2:
Sie überprüfen.

Abbildung 6

Im Rechtschreiben gut:

Schritt 1:
Sie stellen sich die Wörter visuell vor.

Schritt 2:
Sie überprüfen internal – ist das Gefühl positiv?

Abbildung 7

ßen und sich überzeugen, ob sie das Wort vor ihrem inneren Auge sehen.

4. Führen Sie Buchstabierwettbewerbe durch. Beobachten Sie die Augenbewegungen der einzelnen Schüler, wenn sie buchstabieren. Stellen Sie fest, ob die Wörter während des Buchstabierens auch visualisiert werden.

Glaubenssysteme

Bei den traditionellen Unterrichtsmethoden wurde häufig das Glaubenssystem des Schülers außer acht gelassen, man wollte ihm nicht zu nahe treten. Glaubenssysteme sind jedoch ein Eckpfeiler effektiven Lernens. Fragen Sie doch einmal gute Schüler nach ihren Erfahrungen bei der Rechtschreibung und beim Lernen überhaupt. Beachten Sie, was die Schüler über ihre Fähigkeiten in der Rechtschreibung sagen, wie sie sich selbst beschreiben, entweder aus ihrer eigenen Sicht oder aus der anderer. Sie berichten über positive Erfahrungen und haben ein positives Selbstbild. Befragt man sie zur Rechtschreibung, äußern sie sich zuversichtlich.

Ihr Selbstbild ist im Unterbewußtsein verankert und beeinflußt ihr Glaubenssystem. Diese Schüler glauben, daß sie in Rechtschreibung gut sind, weil sie erstens beim Schreiben erfolgreich waren und zweitens von anderen gesagt bekamen, daß sie gut sind.

Fragen Sie andererseits rechtschreibschwache Schüler nach ihren Erfahrungen. Sie machen kritische Bemerkungen zu ihren Leistungen im Rechtschreiben, sowohl aus der eigenen Perspektive als auch aus der anderer. Die negativen Kommentare und ihr negatives Selbstbild wurzeln im Unterbewußtsein und damit programmieren sie ihre Mißerfolge im Rechtschreiben vor. Was der Schüler über sich selbst denkt und sagt, entscheidet seine Einstellung zum Lernen. Das Glaubenssystem entscheidet über Erfolg oder Mißerfolg.

Erinnern Sie sich noch? Ihre Mutter oder Ihr Vater ermahnte Sie, die Milch oder das Wasser nicht zu verschütten. Was geschah? Meistens haben Sie die Milch oder das Wasser verschüttet. Durch die Ermahnung Ihrer Eltern wurden Sie – über Ihr Unterbewußtsein – tatsächlich programmiert, das zu tun, was Sie nicht tun sollten. Wenn also Lehrer, Eltern oder andere Bezugspersonen dem Schüler (oder einem Anderen) sagen, daß er im Rechtschreiben oder auf einem anderen Gebiet schwach ist oder daß er etwas nicht kann, dann wirkt das auf sein Unterbewußtsein und programmiert sein Versagen vor.

Wenn ein Schüler versagt, wird das von anderen bestätigt. Der Schüler spricht über sein Versagen, er analysiert und wiederholt es und gerät so in einen verhängnisvollen Kreislauf. Nachfolgende negative Kommentare prägen sich dem Unterbewußtsein ein und bestätigen die Unfähigkeit, das Versagen, den Mißerfolg.

Schüler werden sehr leicht auf schwache Leistungen festgelegt (programmiert). Der Kommentar über eine schlechte Leistung wird schnell zu einer sich selbst erfüllenden Vorhersage. Manchmal bringt schon die Erwähnung negativer Aspekte des Lernens oder einer Aufgabe ein inneres Bild oder eine auditive Reaktion hervor, durch die das Unterbewußtsein auf Versagen programmiert wird. Je jünger der Schüler, desto wahrscheinlicher ist eine Programmierung.

Deshalb ist es von entscheidender Bedeutung, daß der Lehrer darauf achtet, wie er mit seinen Schülern spricht. Mit seinen Worten kreiert der Lehrer Bilder oder Gefühle, er belebt verbale oder auditive Stimuli. Jeder einzelne Vorgang oder alle zusammen können den Lernprozeß behindern. Der Lehrer sollte auch auf das innere Tonband des Schülers achten oder auf das, was der Schüler zu sich selbst sagt.

Mißerfolge müssen nicht wiederholt auftreten, um beim Schüler einen negativen Glauben über seine Fähigkeiten zu installieren. Die negative Programmierung wird durch Assoziationen und häufige Erinnerung an den Vorfall wie von selbst verstärkt. Ein einziges unangenehmes Erlebnis, ein bedrückender Gedanke werden derart nachdrücklich betont, daß sie zu einer absoluten Wahrheit werden. Eine Umprogrammierung bewirkt einen entscheidenden Unterschied in der Wahrnehmung und Leistungsfähigkeit.

Erzieher tragen die Verantwortung dafür, daß ein negatives Glaubenssystem aufgehoben, neutralisiert und durch einen positiven Glauben ersetzt wird. Das Glaubenssystem sollte so beschaffen sein, daß der Schüler erfolgreich und entspannt lernen kann. Das positive Programm guter Schüler kann extrahiert und schwachen Schülern vermittelt werden. (Siehe dazu das vorangehende Kapitel.) Negative Glaubenssätze sind auf verschiedenen Wegen zu neutralisieren, z. B. durch Widerlegung des Glaubenssatzes *(belief negation)* oder Training einer neuen Denkweise *(re-education training)*.

Widerlegung des Glaubenssatzes

Bei diesem Vorgehen beweist der Lehrer dem Schüler, daß er etwas kann, was er vorher nicht für möglich gehalten hatte, z. B. ein bestimmtes Wort buchstabieren. Der Lehrer vermittelt dem Schüler, daß er aufgrund seiner bisherigen Arbeit mit dem Schüler überzeugt ist, daß dieser lernen kann, richtig zu schreiben. Er bietet an, ihm zu zeigen, wie Wörter geschrieben werden, mit denen der Schüler bisher Schwierigkeiten hatte. Der Lehrer zeigt dabei deutlich seine Zuversicht.

Unter Anwendung der in Kapitel 8 beschriebenen Strategie lehrt der Lehrer den Schüler die richtige Schreibweise eines Wortes, das vorher Schwierigkeiten bereitet hatte. Der Lehrer macht dem Schüler klar, daß seine Leistung jetzt besser ist, da er seine geistigen Fähigkeiten besser zu nutzen weiß. Der Lehrer betont, daß er diese Fähigkeiten schon immer besaß, sie jedoch nicht sinnvoll zu

nutzen wußte. Je mehr er lernt, sein Gehirn zu gebrauchen, desto erfolgreicher wird er sein.
Wenn der Schüler Befriedigung und Erfolg erlebt, nutzt der Lehrer die sichtbaren körperlichen und verbalen Hinweise und ankert diese angenehmen Gefühle beim Schüler. Später kann der Lehrer diesen Anker auslösen, um eine positive Situation beim Lernen zu schaffen; der Schüler kann diesen Anker auch selbst feuern. Immer wieder bekommt der Schüler zu hören, daß er alle Ressourcen schon besitzt, um zu lernen, was auch immer nötig ist.

Bei dieser Glaubensveränderung muß der Lehrer darauf achten, daß er eine Erfahrung herbeiführt, die den bisherigen Glauben widerlegt. Der Schüler wird beständig daran erinnert, daß er lernen **kann**. Rechtschreibung war in diesem Fall nur eine von vielen Möglichkeiten, mit denen ein Glaubenssatz verändert werden kann.

Training einer neuen Denkweise

Eine andere Möglichkeit, ein Glaubenssystem zu verändern, bietet die Schaffung einer neuen Denkweise. Im Prinzip sind Denkprozesse die fortlaufende Wiederholung dessen, was einem Menschen an Ansichten vermittelt wird oder was er selbst für glaubwürdig hält. Beispielsweise bekamen viele Frauen schon als kleine Mädchen gesagt, daß Frauen in Mathematik nicht so gut sind wie Männer. Später wiederholen sie diesen Gedanken für sich selbst und anderen gegenüber. Das Ergebnis war, daß die Schülerinnen glaubten, sie seien in Mathematik schwach, bzw. schwächer als Schüler. So haben sich Frauen selbst programmiert, sowohl bewußt als auch unbewußt, so daß sie in Mathematik nicht so gut sind, wie es eigentlich ihren Fähigkeiten entspräche.

In dieser negativen Erwartungshaltung dienen alle mathematischen Fehler dazu, ihren Glauben, daß sie in Mathematik weniger begabt sind, zu verstärken. Die Aufmerksamkeit ist unbewußt mehr auf Fehler als auf Erfolg gerichtet. Der negative Glaube beeinflußt den

Denkprozeß und in der Folge auch den Erfolg einer Arbeit. Dies läßt sich wie folgt aufzeigen:

↓
Negative Selbsteinschätzung
↓
Erwartungshaltung
↓
Unbewußte Programmierung
↓
Mißerfolg
↓
Negative Selbsteinschätzung
↓

Dieser verhängnisvolle Kreislauf muß unterbrochen werden, damit Lernen zum Erfolg führen kann.

Positive Bestätigungen

Der obige Kreislauf kann durch eine Neuprogrammierung und die ständige Wiederholung der positiven Bestätigungen durchbrochen werden. Durch positive Bestätigung kann ein negativer Glaube (wie oben) neutralisiert oder verändert werden.

Im Gespräch mit Schülern sollte der Lehrer darauf achten, daß er hervorhebt, was der Schüler gut bewältigt hat. In einem Kommentar zur Mathematik betont der Lehrer, daß der Schüler sich dabei ständig verbessert. Die dahinter stehende Absicht des Lehrers ist, das Unterbewußtsein des Schülers mit einem positiven Glauben über seine Fähigkeiten in Mathematik neu zu programmieren. Sicher sind dazu viele Wiederholungen der positiven Bestätigung nötig, dazu die Versicherung, daß der Schüler die notwendigen Fähigkeiten besitzt.

Im einzelnen könnte der Lehrer sagen: „Das Wetter war heute sehr gut; ich habe gehört, daß es weiterhin schön bleibt.“ Der Schüler nickt zustimmend und der Lehrer fährt fort, „Ich habe deine Mathematikarbeit korrigiert und festgestellt, daß du mit **allen** Aufgaben fertig geworden bist.“ Der Schüler bestätigt: „Ja.“ Darauf der Lehrer: „Mathematik wird **leichter** für dich. Mit der Zeit wird es **leichter** und macht dir **Spaß**. Es wird für dich **immer** interessanter.“ Der Lehrer betont die unterstrichenen Wörter, mit denen er den Glauben des Schülers neu programmiert. Ein guter Lehrer verwendet diese Bestätigungen häufig und geschickt. Wenig Bestätigung bewirkt keine Veränderung.

Der Lehrer muß einen Weg finden, um die Bestätigung so unauffällig wie möglich einfließen zu lassen. Positive Bestätigung wird solange wiederholt, bis sie Teil des Glaubenssystems des Schülers wird. Da das Unterbewußte auf Worte reagiert, akzeptiert es, was auch immer als Wahrheit verkündet wird. Wenn nun der Lehrer den Schüler wiederholt auf verschiedene Arten bestärkt, merkt der Schüler auf einmal, daß ihm Mathematik tatsächlich Spaß macht. Sein negativer Glaube wurde in einen positiven verwandelt. Dies ist im Grunde eine Form der Motivation.

Gefühle

Gefühle können den Lernfortschritt behindern oder fördern. Gefühle entstammen vergangenen Erlebnissen von Erfolg oder Mißerfolg. Verbindet ein Schüler mit einem Fach oder mit dem Lernen überhaupt gute Gefühle, ist er aufgrund vergangener angenehmer Erlebnisse motiviert, etwas zu arbeiten. Assoziiert ein Schüler mit einem Fach unangenehme Gefühle, so neigt er dazu, sich der Arbeit für dieses Fach zu entziehen.

Um die unangenehmen Gefühle zu neutralisieren, gibt es folgende Techniken: das Verschmelzen von Ankern, das Verändern der

Geschichte, sowie Dissoziation. Genauso wichtig ist die Methode des positiven Programmierens.

Beachten Sie folgende Kernpunkte:

1. Knüpfen Sie mit Ihren Instruktionen da an, wo der Schüler Erfolg hatte.

2. Unterteilen Sie Anweisungen in möglichst kleine Schritte.

3. Bestätigen Sie immer wieder, daß der Schüler sich bemüht und Erfolg hat.

4. Weisen Sie den Schüler auf seine Fortschritte hin.

5. Überprüfen Sie ihn regelmäßig.

6. Weisen Sie auf Lebensbereiche hin, in denen sich das neugewonnene Wissen auch noch anwenden läßt.

7. Verbinden Sie vergangene positive Erfahrungen mit den neu zu lernenden Informationen.

ÜBUNG

ZIEL: Ein Leitfaden zum Extrahieren einer Strategie.

Anleitung: Finden Sie drei Personen, die etwas ohne Mühe gut können. Benutzen Sie die folgenden Stichpunkte, um die jeweilige Strategie herauszufinden. Mit Hilfe dieser Informationen sollten Sie in der Lage sein, die Strategien der von Ihnen gewählten Personen nachzuvollziehen.

1. **Physiologie**
   Augenbewegung
   Körperhaltung
   Atmung
   Bewegungen
   Wie konzentrierten sie sich?
   Was befähigte sie zur Konzentration?
   Wie? Was?

2. **Strategie**
   Was geschieht zuerst?
   Was geschieht danach?
   Wie kommst du zum Ziel? Kleinste Elemente herausfinden. *(Chunk down)*
   Vorführen, imitieren.

3. **Glaubenssystem**
   Was hältst du vom Lernen?
   Wie kamst du zu dieser Überzeugung?
   Wann entstand diese Meinung?
   Wieso glaubst du jetzt daran?
   Wie oft sagst du das zu dir selbst oder zu anderen?

4. **Gefühle**
   Was empfindest du?

KAPITEL 8

DIE LERNSTRATEGIEN ERFOLGREICHER SCHÜLER BEIM SCHREIBEN, RECHNEN UND LESEN

Überblick

In diesem Kapitel lernen Sie, wie Sie sehr schnell die Fähigkeiten Ihrer Schüler in Rechtschreibung, Rechnen, Lesen und Schreiben steigern können. Die Informationen basieren auf dem Studium der Strategien von Erwachsenen und Schülern, die auf den genannten Gebieten ohne Anstrengung gute Leistungen erbringen.

Zum Zeitpunkt, da dieses Buch geschrieben wurde, sind die Strategien von 527 Personen evoziert und aufgezeichnet worden. Übereinstimmende Elemente in den Strategien erfolgreicher Schüler und Erwachsener wurden extrahiert und zusammengefaßt. Aus den vorhandenen Daten wurden die wesentlichen Merkmale zusammengetragen und an verschiedenen Personen getestet.

Ihnen als Lehrer bieten die Autoren im Detail die effizienten Strategien von Personen an, die auf ihrem Gebiet sehr erfolgreich sind. Diese können Sie den meisten Schülern beibringen. Die Strategien wurden schon vielen Schülern vermittelt, und führten in den meisten Fällen zu bedeutsamen Leistungssteigerungen. Bei den Schülern, die keine Veränderungen zeigten, stellte sich heraus, daß sie wegen starker negativer Konditionierung und emotionaler Probleme weitere, intensive Behandlung mit NLP benötigten. Die Autoren führen ihre Forschungen auf diesem Gebiet fort und werden demnächst die Ergebnisse veröffentlichen.

Wichtig ist, daß Sie die Informationen dieses Kapitels im Zusammenhang mit den bisherigen Kapiteln sehen. Die Anwendung der hier beschriebenen Techniken ohne den Gebrauch von Rapport,

Kalibrieren, etc. mindert ihre Wirksamkeit.

In diesem Kapitel steht das, was erfolgreiche Schüler tun, im Mittelpunkt. (Eine geplante Veröffentlichung behandelt die für ein fortgeschrittenes Studium nötigen Fähigkeiten.) Um das Verständnis zu erleichtern, sind die Informationen unter vier Teilaspekten behandelt. Jedes Fach wird nach den Kriterien Physiologie, Strategie, Glaubenssystem und Gefühle untersucht.

GUTE STRATEGIEN ZUR RECHTSCHREIBUNG

Am besten erproben Sie diese Strategie erst mit einem Schüler. Zudem ist es notwendig, die bisher behandelten Strategien den individuellen Bedürfnissen des Schülers anzupassen. Suchen Sie sich also einen Schüler und gehen Sie wie folgt vor.

Neurologische Physiologie

Eine aufrechte Körperhaltung fördert produktives Lernen. Der Schüler soll aufrecht und ruhig sitzen.

Stimmlage, Sprechrhythmus und Atmung beeinflussen die innere Verfassung, z. B. die Aufnahmefähigkeit, Nervosität etc. Eine gleichmäßig beibehaltene mittlere Stimmlage ist optimal. Regelmäßigen Sprechrhythmus können Sie erreichen, wenn Sie gemeinsam mit dem Schüler einige Wörter buchstabieren; der Schüler paßt sich dann ihrem Rhythmus an. Machen Sie den Schüler auch auf seinen Atemrhythmus aufmerksam, er sollte gleichmäßig sein.

Strategie

Nachfolgend die Strategie für die Rechtschreibung.

Stufe 1: Zeigen Sie dem Schüler nacheinander fünf verschiedene Bilder. Wenn der Schüler ein Bild etwa fünf Sekunden betrachtet hat, nehmen Sie es weg und lassen ihn beschreiben, was er auf dem Bild gesehen hat. Beobachten Sie bei jedem Bild, in welche Richtung der Schüler seine Augen zuerst bewegt.

Stufe 2: Fragen Sie den Schüler nach seiner Lieblingsfigur oder seinem Lieblingsheld. Er soll sich dann das neue Wort über die Figur geschrieben vorstellen. Überzeugen Sie sich aber, daß er auch ein klares Bild von seiner Lieblinggestalt hat.

Jetzt zeigen Sie dem Schüler das neue Wort. Sie halten die Karte mit dem Wort links oben vor den Schüler hin. Fordern Sie ihn auf, genau in die gleiche Richtung zu schauen, wie wenn er sich an Bilder erinnert und sie beschreibt.

Der Schüler soll sich seine Lieblingsfigur mit dem neuen Wort vorstellen, als wäre es aufgemalt oder eingraviert.

Stufe 3: Hat der Schüler Schwierigkeiten wegen der Länge des Wortes, unterteilen Sie in kleinere Einheiten. Der Lehrer entscheidet, wie groß eine Einheit ist (wieviele Buchstaben), indem er mitzählt, wieviele Buchstaben der Schüler schafft, bevor er pausiert.

Stufe 4: Lassen Sie das Wort zuerst rückwärts buchstabieren. Das zwingt den Schüler zu visualisieren. (Dies ist bei Schülern, die Schreibwettbewerbe gewinnen, die bevorzugte Methode. Nach Hanna und Hammil (1980) können viele englische Wörter nicht nach der Aussprache geschrieben werden, deshalb verspricht visuelles Lernen beim Buchstabieren mehr Erfolg.) Der Schüler soll sich dann das Wort wieder auf seiner Lieblingsfigur vorstellen und vorwärts buchstabieren.

Stufe 5: Wenn Sie den Schüler ein neues Wort lehren, versuchen Sie auch die nachfolgend genannten Variationen und überprüfen Sie, inwieweit dadurch der Lernvorgang erleichtert wird. Die Schüler sind individuell verschieden, deshalb sollten Sie als Lehrer mit diesen Techniken experimentieren.

a. Während der Schüler das Wort auf die Stirn seiner Heldenfigur projiziert, vergrößert er die Schrift. (Auch verkleinern wäre möglich.)

b. Der Schüler stellt sich das Wort bildlich vor und macht es dann heller oder dunkler. Erinnert er sich an die Buchstaben, kann er das Hintergrundbild aufhellen.

c. Probieren Sie aus, welches für den Schüler die optimale Distanz ist, indem Sie die Karte mit dem Wort nahe vor seine Augen und dann weiter weg halten.

d. Bewegt der Schüler seine Augen hin und her, während er buchstabiert, fordern Sie ihn auf, seine Augen in die Ausgangsposition zurückzubringen. Nur dabei wird die Information optimal gespeichert und abrufbar.

e. Lassen Sie den Schüler das Wort mit dem Finger nachfahren und buchstabieren, während er es sich auf seiner Lieblingsfigur vorstellt. Versuchen Sie es zunächst so, daß er es sich bildlich vorstellt und dann nachmalt. Als nächstes soll er es sich vorstellen, nachmalen und sagen. Finden Sie heraus, welche Art für den jeweiligen Schüler am besten ist.

Glaubenssystem

Das Glaubenssystem ist die Basis für erfolgreiches Lernen. Die Einstellung, Gedanken, Wahrnehmungen und Aktionen eines Individuums werden durch sein Glaubenssystem gesteuert. Deshalb ist es wichtig, daß der Schüler ein positives und konstruktives Glaubenssystem hat.

Betonen Sie den Schülern gegenüber, daß sie mit Ihren Methoden das Buchstabieren und Rechtschreiben sehr schnell erlernen werden. Gebraucht ein Schüler Sätze wie „Ich kann nicht buchstabieren,“ unterbrechen Sie ihn **sofort** und lassen Sie ihn dreimal wiederholen „Ich **kann** buchstabieren!". Um seinen negativen Glauben zu verändern, nutzen Sie die Strategien, die im vorigen Kapitel beschrieben sind.

Gefühle

Wie schon gesagt, ist ein positiver Gefühlszustand eine bedeutende Voraussetzung für optimalen Lernerfolg. Negative Gefühle sind starke Hindernisse. Beseitigen Sie diese! Unangenehme Gefühle verschwinden z. B. beim Kollabieren von Ankern. Verwenden Sie die passenden Veränderungstechniken, um positive Gefühle hervorzulocken. Verhelfen Sie dem Schüler zu positiven Gefühlen.

UNTERRICHTSPLÄNE

Auf die eben beschriebene Vorbereitung folgt ein wöchentlicher Unterrichtsplan für Rechtschreibung. Passen Sie den Plan den unterschiedlichen Leistungen in Ihrer Klasse an. Es hat sich gezeigt, daß diese Methode den traditionellen Methoden für den Rechtschreibunterricht weit überlegen ist. Befolgen Sie die Anweisungen genau und regelmäßig. Lesen Sie den ganzen Plan, bevor Sie mit dem Unterricht beginnen und erledigen Sie regelmäßig das tägliche Pensum. Die neuen Wörter können aus der Umgangssprache genommen werden, damit Rechtschreibung in das tägliche Leben integriert wird. Schwierigere Wörter werden sachkundlichen Texten entnommen, um damit gleichzeitig den Wortschatz zu erweitern.

Wenn Sie dieses System anwenden, werden Sie feststellen, daß sich die Leistungen Ihrer Schüler bereits nach drei bis vier Wochen deutlich verbessern. Diese Methode wurde auch mit lernbehinderten und leicht geistig behinderten Kindern erfolgreich erprobt. Durchschnittliche Schüler zeigten mit dieser Methode sehr gute Leistungen. Außerdem bessert sich das visuelle Gedächtnis sowohl der Lehrer als auch der Schüler. Das kann anregend für beide Seiten sein!

Phase A: Vorbereitung

Suchen Sie fünf bis zehn Wörter aus, die die Schüler lernen sollen. Kalibrieren Sie die Augenbewegungen der Schüler, indem Sie jedem nacheinander fünf Bilder für jeweils fünf Sekunden zeigen. Wenn Sie das Bild wieder weggenommen haben, beschreibt der Schüler das Bild. Beobachten Sie die erste Augenbewegung. Nehmen Sie eine Kopie der neurologischen Übersichtskarte (Anhang 4) und markieren Sie die zuerst beobachtete Bewegungsrichtung bei jedem Bild.

Ein Beispiel: Der Lehrer zeigte Karen die Bilder. Nachdem sie das erste Bild fünf Sekunden betrachtet hatte, nahm der Lehrer das Bild weg und ließ Karen beschreiben, was sie gesehen hatte. Ihre Augen gingen dabei zuerst nach oben links. Also markierte der Lehrer das entsprechende Kästchen. Dasselbe wiederholte sich auch bei den anderen Bildern. Karen hat also oben links Zugang zu erinnerten Bildern.

Ist das Augenmuster danach noch nicht klar, können folgende Fragen gestellt werden und die Bewegungsrichtung der Augen wieder in den entsprechenden Kästchen markiert werden.

1. Wie sieht dein Zimmer aus?
2. Welche Haarfarbe hat deine Mutter, dein Vater?
3. Wie sieht dein Lieblingsschauspieler aus?
4. Welche Farbe hat dein Lieblingstier?

Phase B: Instruktionen

Haben Sie die Zugangsrichtung der Augen für visuelle Erinnerungen herausgefunden, erklären Sie dem Schüler, daß ihm Buchstabieren leichter fällt, wenn er in diese Richtung blickt. Dadurch wird ihm besonders fehlerfreies Buchstabieren ermöglicht. Je mehr er das übt, desto leichter wird es ihm fallen.

Die folgenden Tagespläne enthalten auch die nötigen Anweisungen an die Schüler. Beachten Sie dennoch die individuellen Unterschiede. Falls Schüler für visuelle Erinnerungen eine andere Zugangsrichtung haben, sollten Sie das Material auch in der für sie geeigneten Weise vorführen.

Vor ihrer täglichen Arbeit mit diesem Übungsplan fordern Sie die Schüler jeden Tag erneut auf:
1. Räumt eure Tische ab.
2. Stellt beide Füße auf den Boden.
3. Sitzt aufrecht.
4. Schaut alle zu mir.
5. Atmet tief ein und langsam wieder aus.

1. Tag

Schreiben Sie fünf neue Wörter an die Tafel oben links. Benutzen Sie immer die gleiche Kreidefarbe. Zeigen Sie den Gegenstand oder ein Bild davon und halten Sie diese so, daß die Schüler in die Richtung blicken, in der sie Zugang zu visuell gespeicherten Informationen haben, von den Schülern aus also links. Überzeugen Sie sich, daß die Bedeutung des Wortes verstanden wurde, und lassen Sie die Schüler Sätze bilden. Anschließend üben die Schüler das Buchstabieren dieser fünf Wörter folgendermaßen:

1.) Die Schüler sehen sich das Wort auf der Tafel an und setzen es auf die Stirn ihrer Lieblingsfigur. Dann machen sie davon ein Photo mit ihrer „inneren Kamera“ und lassen das Bild so stehen. Der Lehrer verdeckt das Wort an der Tafel und wählt einzelne Schüler aus, die das Wort erst rückwärts, dann vorwärts buchstabieren. **Rückwärts buchstabieren zwingt den Schüler, sich das Wort bildlich vorzustellen.**

2.) Jeder Schüler sucht sich einen Partner, am besten den Banknachbarn. Der Lehrer bestimmt, wer Partner 1 und wer 2 ist, z. B. 1 steht links, 2 rechts. Der Lehrer vergewissert sich durch Aufruf, daß jeder Schüler seine Nummer kennt. Dann muß Schüler 1 seinem Partner die Wörter buchstabieren, nach einiger Zeit ist Schüler 2 an der Reihe. Dadurch sind alle Schüler aktiv am Unterrichtsgeschehen beteiligt. Der Lehrer bewegt sich währenddessen im Raum und versucht, soviel wie möglich mitzuhören.

3.) Die fünf neuen Wörter sollen zu Hause geübt werden, und zwar auf diesselbe Weise wie in der Schule.

2. Tag

Sie beginnen mit der üblichen Vorbereitung: „Tische abräumen“, etc. Sie wiederholen die fünf Wörter vom ersten Tag; die Schüler sollen nach links oben schauen und sich die Wörter auf ihrer Lieblingsfigur vorstellen, möglichst in der gleichen Farbe und so deutlich wie möglich. Danach diktieren Sie die Wörter und die Schüler schreiben mit. Die Schüler vergleichen ihre Wörter mit den richtigen Wörtern an der Tafel.

Fünf neue Wörter werden auf die gleiche Weise wie am 1. Tag erarbeitet und wieder als Hausaufgabe gegeben.

ERFOLGREICHE SCHÜLER

3. Tag

Nach den Anweisungen zu Beginn schreiben Sie die ersten fünf erarbeiteten Wörter sowohl fehlerhaft als auch richtig an die Tafel. Ein Schüler soll die fehlerhaften Wörter anstreichen. Dann gehen Sie wie folgt vor:

1.) Hat der Schüler Schwierigkeiten, die richtige Schreibweise herauszufinden, wiederholen Sie die Übung vom ersten Tag. Dann lassen Sie wieder rückwärts und vorwärts buchstabieren.

2.) Machen Sie einen kleinen Test, um herauszufinden, welche Wörter häufig falsch geschrieben werden. Dazu sagt der Lehrer das Wort, bildet einen Satz damit und wiederholt das Wort noch einmal.

3.) Die Schüler tauschen ihre Blätter aus und korrigieren gegenseitig; sie schreiben das Wort außerdem richtig daneben. Durch eine Umfrage läßt sich feststellen, welche Wörter am häufigsten unrichtig geschrieben werden.

4.) Alle 10 Wörter sollen zu Hause geübt werden, besonders die, die jeweils nicht richtig waren.

4. Tag

Nach den vorbereitenden Anweisungen schreiben Sie die Wörter, die sich im Test als schwierig erwiesen haben, links oben in großen Buchstaben an die Tafel. Teilen Sie die Wörter in Silben oder in Einheiten mit je drei Buchstaben auf. Die Schüler sollen sich die Wörter durch ihre „innere Kamera" ansehen. Dann sollen sie die Buchstaben heller werden lassen, oder das Bild näher heranbringen, bis sie die Buchstaben ganz deutlich sehen. Dann wird rückwärts und vorwärts buchstabiert.

Manchmal ist es gut, wenn erst eine Silbe/ein Teil und danach die übrigen buchstabiert werden. Manchen Schülern fällt es leichter, wenn sie mit dem Finger auf das Wort in der Luft deuten, während sie es rück- und vorwärts aufsagen. Probieren Sie aus, wem jeweils die eine oder die andere Technik hilft.

Machen Sie einen kleinen Test mit allen 10 Wörtern. Sie sagen ein Wort, bilden einen Satz damit und wiederholen das Wort. Wieder tauschen die Schüler die Blätter aus und korrigieren.

Alle 10 Wörter müssen zu Hause geübt werden, besonders jedoch die, die am häufigsten unrichtig waren.

5. Tag

Nach den vorbereitenden Anweisungen schreiben Sie einen Test mit den 10 Wörtern, die Sie in der Woche erarbeitet haben. Sie sagen das Wort, dann bilden Sie einen Satz damit und wiederholen das Wort. Erinnern Sie die Schüler daran, nach oben links zu schauen, wenn sie überlegen, wie ein Wort geschrieben wird.

Nach dem Test sehen die Schüler die Arbeiten gegenseitig durch und überprüfen anhand ihrer Fibeln. Dann bekommt jeder seinen eigenen Test zurück und verbessert die unrichtig geschriebenen Wörter.

Jeder Schüler sollte eine Liste mit den Wörter haben, die er nicht richtig geschrieben hat, um diese immer wieder zu üben. Schüler, die keine Fehler hatten, können malen oder spielen, etc.

ERFOLGREICHE SCHÜLER

Beachten Sie folgende Punkte für den Rechtschreibunterricht

Vergewissern Sie sich, daß die Schüler aufrecht sitzen und in der Brust atmen, um damit den Vorgang der Visualisierung zu unterstützen.

Macht ein Schüler an einem bestimmten Platz oder bei einer bestimmten Haltung immer wieder Fehler, so lassen Sie ihn seinen Platz wechseln und schlagen ihm eine andere Körperhaltung vor. Vielleicht liegt hier eine negative Konditionierung vor.

Teilen Sie lange Wörter in Silben auf und lassen Sie diese nacheinander buchstabieren. Zeigen Schüler Ermüdungserscheinungen, unterbrechen Sie und wenden sich einer anderen Tätigkeit zu.

Erklären Sie den Eltern der Schüler die beschriebene Strategie, damit diese mit den Schülern zuhause üben können.

Überzeugen Sie die Schüler, daß sie mit dieser Methode garantiert gute Leistungen im Rechtschreiben erreichen. Widersprechen Sie, wenn Schüler sagen „Ich kann es nicht“; ändern Sie diese Aussage in „Ich hatte Schwierigkeiten mit dem Rechtschreiben“. Dann können Sie nach und nach seine negative Einstellung in eine positive verwandeln.

Checkliste für das Rechtschreibprogramm

Ja	Nein	
....	....	1. Neue Wörter stehen links oben an der Tafel.
....	....	2. Der Lehrer zeigt Abbildungen zu den neuen Wörtern.
....	....	3. Die Bedeutung der Wörter wird mit Bildern erklärt.
....	....	4. Der Lehrer fordert die Schüler auf, sich das Wort auf die Brust oder Stirn der Lieblingsfigur geschrieben vorzustellen, und dann mit ihrer „inneren Kamera" ein Photo zu machen.
....	....	5. Die Schüler buchstabieren erst rückwärts, dann vorwärts.
....	....	6. Der Lehrer macht einen Vortest.
....	....	7. Die Wörter werden als Hausaufgabe aufgegeben.
....	....	8. Der Lehrer bespricht unrichtig geschriebene Wörter.
....	....	9. Der Lehrer teilt die Wörter in Silben auf.
....	....	10. Die Schüler notieren sich unrichtig geschriebene Wörter auf einen Zettel, um weiter damit zu üben.

ERFOLGREICHE SCHÜLER

Weitere Arbeitsanweisungen

I. Vergleichen Sie gute und schwache Schüler anhand folgender Punkte:

Physiologie

1. Haltung
   a. Schultern
   b. Rücken
   c. Füße
2. Tonalität
3. Sprechtempo
4. Atmung

Strategie

1. Augenposition/-bewegung
2. Geschlossene Augen
3. Wissen, wann etwas korrekt ist
4. Verändern der Wahrnehmung
   a. Vergrößern
   b. Verkleinern
   c. Aufteilen
   d. Aufhellen lassen
   e. Distanz vergrößern oder verringern
   f. Fokussieren

Glaubenssystem

1. Herausfinden und vergleichen
2. Die Überzeugung des schwachen Schülers verändern

Gefühle

1. Gut gegenüber schlecht
2. Ruhig gegenüber angespannt

II. Lassen Sie einen guten Schüler nach rechts unten schauen, während er buchstabiert. Beobachten Sie die Wirkung! Seine Leistung wird dadurch behindert.

III. Fassen Sie Schüler in Gruppen zusammen, die ähnliche Erfolgsstrategien haben. Evozieren Sie deren Strategien und vermitteln Sie diese den schwachen Schülern. Hier die Schritte in verkürzter Form:

1. Verankern Sie eine positive Erwartungshaltung.
2. Identifizieren Sie die Augenzugangshinweise.
3. Bringen Sie dem Schüler das Buchstabieren mit der beschriebenen Methode bei und nutzen Sie seine individuelle Bewegungsrichtung der Augen.
4. Rückwärts und vorwärts buchstabieren lassen.
5. Achten Sie auf Haltung und Atmung des Schülers.
6. Ergeben sich dennoch Schwierigkeiten, tun Sie folgendes: Lassen Sie Silben buchstabieren oder lassen Sie den Schüler sein Bild, wie oben angegeben, verändern. Hilft das nicht, wenden Sie 7. und 8. an.
7. Überprüfen Sie die Erwartungshaltung des Schülers.
8. Überprüfen Sie seine Gefühle:
   a. Ankern Sie, wenn der Schüler sich an eine Gelegenheit erinnert, als er gut buchstabieren konnte.
   b. Der Schüler erinnert sich an etwas, was er gut konnte; ankern Sie dieses Gefühl.
   c. Wo gibt es Übereinstimmung zwischen Rechtschreibung und dem, was der Schüler kann.
   d. Pacen Sie.
   e. Lassen Sie die Schüler keinen negativen Sprachgebrauch verwenden, auch nicht sich selbst gegenüber.
   f. Ermutigen Sie ihn.
9. Die Schüler sollen sich gegenseitig helfen.
10. Verwenden Sie für Dinge, die neu gelernt werden sollen, den linken, oberen Bereich der Tafel.

11. Machen Sie *future pacing*: „Wenn du in Zukunft dieses Wort schreiben willst, erinnerst du dich an das Bild, das du dir geschaffen hast und du wirst das Wort richtig schreiben."
12. Achten Sie darauf, wenn folgende Störungen auftreten: Anspannung, unruhige Augenbewegungen, Ermüdung, Frustration.
13. Zusätzliche Ideen:
    a. Verändern Sie negative Gefühle durch Dissoziation.
    b. Kalbibrieren Sie Gefühle.

STRATEGIEN FÜR SCHÖNE HANDSCHRIFT

In diesem Abschnitt werden die Strategien von Leuten vorgestellt, deren Handschrift als vorbildlich gilt. Die fünf Kriterien, nach denen eine hervorragende Handschrift bewertet wird, sind in der Reihenfolge ihrer Gewichtung aufgeführt: die Form der Buchstaben, ihre Größe, eine harmonische Aneinanderreihung, die Neigung der Buchstaben und die Schreibgeschwindigkeit.

Zunächst jedoch die
Neurologische Physiologie

Schüler, die gut schreiben, nehmen im allgemeinen eine bequeme Haltung ein. Die Füße sind nicht übereinandergeschlagen, sondern stehen nebeneinander am Boden, Rücken und Wirbelsäule sind aufrecht, sie berühren mit dem Kreuz die Lehne und haben den Kopf leicht nach vorne geneigt. Die Autoren haben herausgefunden, daß die Schreibweise negativ beeinflußt wird, wenn die Schreibfläche sich unterhalb der Taille des Schreibers befindet.

Rechtshänder fassen den Stift normalerweise etwa 2 cm oberhalb der Spitze. Die Daumenspitze befindet sich etwa da, wo der Zeigefinger gebeugt wird. Der kleine Finger und die seitliche Kante der Hand liegen auf der Schreibfläche auf. Das Papier ist gewöhnlich im Winkel von etwa 45 Grad zum Schreiber hin gedreht.

Linkshänder nehmen etwa dieselbe Position ein, nur drehen sie das Papier in die entgegengesetzte Richtung und haben es manchmal fast horizontal vor sich liegen. Sie halten den Stift weiter oben, etwa 2,5 bis 3,5 cm oberhalb der Spitze.

Die Autoren haben beobachtet, daß Schüler mit guter Handschrift ruhig und entspannt sind, während Schüler mit schlechter Handschrift angespannt sind, die Schultern etwas hochgezogen haben und schnell schreiben. Dies scheint das kritische Moment der Physiologie zu sein. Wenn Schüler mit schlechter Schrift von der Brustatmung zur Bauchatmung wechselten und langsamer schrieben, zeigten sich deutliche Verbesserungen.

Probieren Sie diese Atmung aus. Stellen Sie die Füße flach auf den Boden, entspannen Sie die Schultern und atmen Sie langsam und rhythmisch in den Bauch. Diese Haltung wird im folgenden als die Lernhaltung bezeichnet.

Probieren Sie auch die andere Atmung aus. Ziehen Sie die Schultern hoch und atmen Sie in die Brust. Wenn Sie selbst den Unterschied gefühlt haben, können Sie ihren Schülern die richtige Haltung leicht vorführen.

Strategie

Zeigen Sie den Schülern die korrekte Haltung. Ankern Sie beim Schüler Ruhe und Entspannung. Setzen Sie einen Schüler mit schlechter neben einen Schüler mit guter Handschrift. (Rechtshänder nebeneinander, Linkshänder ebenfalls.)

Der Schüler mit schlechter Schrift soll genau das tun, was der Schüler mit guter Schrift tut. Der Lehrer legt einen Zettel mit schön geschriebenen Buchstaben vor den Schüler auf sein Pult, eventuell auch einige gut gelungene Zeilen des Schülers.

ERFOLGREICHE SCHÜLER

Zuerst sollte der Schüler die Buchstaben der Vorlage zwei Zeilen groß nachmalen. Wichtig ist, daß er dabei ruhig, aufmerksam und entspannt ist. Vielleicht kann der Lehrer auch den Anker für ruhige Konzentration feuern. Wenn der erste Schritt gut gelingt, können Sie die Anforderungen steigern.

Der Schüler soll dann die Buchstaben, die er geschrieben hat, darunter noch einmal schreiben, ebenfalls zwei Zeilen groß. Ist dies gut gelungen, schreibt der Schüler die Buchstaben ohne Vorlage auswendig. Danach wird die Höhe der Zeichen auf eine Zeile reduziert.

Der Schüler schreibt die vorgegebenen Buchstaben ab und schreibt sie ein zweites Mal darunter. Dann schreibt er wieder nach Diktat, einen Zwischenraum hoch. Der Lehrer erhöht die Anforderungen und läßt die Buchstaben weiter verkleinern. Dieselbe Prozedur gilt beim anschließenden Schreiben ganzer Wörter und Sätze.

Da Schreiben durch Imitation gelernt wird, sind gute Schriften als Modell entscheidend. Buchstaben in Schreib- und Kursivschrift sollten gut sichtbar vor den Schülern auf dem Pult liegen. Machen Sie den Schülern klar, daß Handschrift primär nach Form, Größe, Anordnung und Neigung beurteilt wird.

Der Lehrer kann die Schüler in den ersten zwei Klassen darauf hinweisen, daß der kleine Finger zwischen die Buchstaben passen sollte, damit der richtige Abstand erreicht wird. Es mag sinnvoll sein, ein Stück Klebeband auf den Stift zu geben, um die korrekte Stellung von Daumen und Zeigefinger anzuzeigen. Die Autoren erzielten eine Verbesserung der Schrift, wenn sie die Schüler aufforderten, sich die Schrift links oben über Augenhöhe vorzustellen.

Die Schüler sollten sich ein Wort auf der Brust oder Stirn ihrer Lieblingsfigur geschrieben vorstellen und diese großen, imaginären Buchstaben mit ihrer Schreibhand nachziehen. Dann fordert der Lehrer die Schüler auf, sich die Figur auf ihrem Blatt vorzustellen und den Buchstaben oder das Wort nachzumalen. Das gelingt bei fünf- bis siebenjährigen Schülern sehr gut.

Glaubenssystem

Im allgemeinen arbeitet der Lehrer beim Schreibunterricht mit sehr jungen Schülern. Was man ihnen in diesem Alter über ihre Handschrift sagt, hinterläßt einen unauslöschlichen Eindruck. Denken Sie daran, daß sie die Schüler für schön geschriebene Buchstaben und Wörter immer wieder loben.

Benützen Sie positive Bestätigungen und betonen Sie, daß das Schriftbild der Schüler der Vorlage stetig näher kommt. Heben Sie besonders schöne Buchstaben hervor. Lassen Sie die Schüler die besten Buchstaben durch einen Kreis markieren, und geben Sie einen Kommentar zu besonders gelungenen Zeichen, z. B. „das p sitzt genau richtig auf der Linie“. Ermuntern Sie die Schüler zu positiven Bemerkungen, wenn sie die eigene Arbeit oder die anderer kritisieren.

Gefühle

Um den Spaß am Schreiben zu fördern, wird der Schüler nach den Buchstaben seines eigenen Namens oder des Namens seines Vorbilds, seiner Mutter oder des Vaters gefragt. Denken Sie daran zu loben. Schreiben Sie unter schöne Schrift eine anerkennende Bemerkung. Richten Sie die Aufmerksamkeit nicht auf schlechte Schrift. Heben Sie das hervor, was gut gemacht wurde. Die positiven Assoziationen, die im jugendlichen Alter geschaffen werden, machen sich später bezahlt. **Denken Sie daran, daß Sie sowohl das Bewußtsein als auch die unterbewußte Ebene berücksichtigen!**

STRATEGIEN FÜR DEN MATHEMATIKUNTERRICHT

Neurologische Physiologie

Nach Studien mit Schülern von fünf bis zehn Jahren zeigte sich bei allen guten Mathematikschülern eine gemeinsame Voraussetzung. Sie hatten recht früh Gelegenheit gehabt, mit Gegenständen (z. B. Würfel, Stöcke, Töpfe etc.) spielerisch umzugehen. Das ist erklärlich, da Arithmetik eine überwiegend räumlich-visuelle Welt darstellt, eine Welt visueller Vergleiche.

Haben Kinder keine frühen Erfahrungen im spielerischen Umgang mit verschiedenen Gegenständen und Formen, kann das negativen Einfluß auf ihre späteren mathematischen Leistungen haben. Es wird angenommen, daß diese frühen Erfahrungen die Grundlage für spätere mathematische Leistungen in Form neuronaler Verknüpfungen schaffen.

Die Autoren haben festgestellt, daß Schüler, die die vier Grundrechnungsarten sehr schnell begreifen, mit ihrer visuellen Vorstellung arbeiten. Für diese Arbeitsweise ist aufrechtes Sitzen mit der Blickrichtung nach oben erforderlich. Leider fordern viele Lehrer ihre Schüler auf, die Augen auf ihr Papier zu richten. Die Blickrichtung der Augen nach unten kann optimales Arbeiten bei den Schülern behindern.

Bisherige Beobachtungen und Vergleiche lassen den Schluß zu, daß erfolgreiche Lehrer ihre Schüler ermutigen sollten, mit Gegenständen spielerisch umzugehen, wenn sie zählen und vergleichen lernen. Lassen Sie die Schüler, wenn Sie Mathematik unterrichten, aufrecht und entspannt sitzen und rhythmisch atmen, wie im vorigen Kapitel beschrieben (Lernhaltung). Das fördert den Erfolg der Arbeit.

Strategie

Hat der Schüler die richtige Haltung eingenommen, kann der Lehrer die Grundlagen von Addition, Subtraktion, Multiplikation und Division erarbeiten. Sind noch keine Kenntnisse im Addieren oder Subtrahieren vorhanden, schlägt der Lehrer den Schülern vor, die Antwort durch Abzählen herauszufinden. Die folgende Aufstellung zeigt, wie der Schüler durch Abzählen zum **Addieren**, bzw. **Subtrahieren** geführt wird.

Addition

4 (III)
+ 3 (III)
———
7 (IIIIIII)

Substraktion

7 (IIIIIII)
−3 (III)
———
4 (IIII)

Multiplizieren

4 (wieviele in jeder Gruppe
× 3 (Anzahl der Gruppen (IIII) (IIII) (IIII)
———
12

8 × 3 (IIIIIIII) (IIIIIIII) (IIIIIIII) = 24

Der Schüler zählt die Striche des Multiplikators, um das Ergebnis zu bekommen.

Dividieren

12 : 3 (III) (III) (III) (III) (III) = 4

Der Schüler zählt, wieviele Dreiergruppen aus einer Gesamtzahl von 12 hergestellt werden können.

Hat der Schüler die Fakten soweit begriffen, zeigt man ihm, wie er sich dieses Wissen aneignen kann.

ERFOLGREICHE SCHÜLER

Die einzelnen Schritte für den Unterricht

1. Finden Sie heraus, wo der Schüler Zugang zu visuellen Erinnerungen hat; nehmen Sie dazu das vorher beschriebene Beispiel mit den 5 Bildkärtchen. Die meisten Rechtshänder schauen nach oben links, überprüfen Sie das jedoch im Einzelfall.

2. Zeigen Sie dem Schüler die Aufgaben, die er lernen soll. Plazieren Sie die Zahlen so, daß die meisten Schüler nach oben links schauen müssen, gegebenenfalls zusätzlich anders für Schüler, die eine andere Zugangsrichtung haben.

3. Der Schüler soll sich die Fakten wieder auf seiner Lieblingsfigur vorstellen.

4. Lassen Sie den Schüler die Aufgabe aufsagen, soweit sinnvoll auch rückwärts.

5. Lassen Sie den Schüler die Fakten

$$\begin{array}{r} 4 \\ +\,3 \\ \hline 7 \end{array} \qquad \text{oder } 4+3=7$$

folgendermaßen lesen:
„Vier plus drei ist gleich sieben." Dann rückwärts „sieben ist gleich drei plus vier".

6. Zeigen Sie dem Schüler Kärtchen, auf denen jeweils eine Zahl fehlt und lassen Sie ihn ergänzen. Machen Sie Kärtchen mit folgenden Aufgaben:

$$\begin{array}{r} 4 \\ +\,3 \\ \hline \end{array} \qquad \begin{array}{r} 4 \\ + \\ \hline 7 \end{array} \qquad \begin{array}{r} \\ +\,3 \\ \hline 7 \end{array}$$

oder 4+3= ___ 4+ ___ = 7 ___ + 3 = 7

Wenn der Schüler die Aufgaben lösen kann, die Sie schriftlich vorgeben, können Sie zu mündlichen Aufgaben übergehen.

Die Autoren haben die Erfahrung gemacht, daß es manchen Schülern hilft, wenn sie die Zahlen, so wie sie sich diese im Raum vorstellen, mit der Hand nachfahren. Versuchen Sie verschiedene Variationen, um die Arbeit der einzelnen Schüler zu optimieren.

Bei den mündlichen Aufgaben erinnern Sie die Schüler daran, sich ihre Lieblingsgestalt mit den Zahlen zu phantasieren. Gehen Sie bei der Einführung der Regeln langsam vor, damit die Schüler alles bequem erfassen können.

Da die Arithmetik ihre eigene Sprache hat, ist es wichtig, daß die Schüler die Begriffe wie „plus, minus, ist gleich" beherrschen. Dies ist ein Punkt, in dem sich gute und schwache Schüler unterscheiden; manche High-School-Schüler hatten Schwierigkeiten mit der Arithmetik, da sie das Vokabular nicht kannten. Schüler, die die Terminologie beherrschten, schnitten in Tests durchweg gut ab.

Die genannten Strategien lassen sich für alle vier Grundrechnungsarten anwenden. Denken Sie dabei auch an das *future pacing.* Sie könnten sagen: „Immer wenn du die Regeln brauchst, dann bewege deine Augen einfach in diese Position und denke an deine Lieblingsfigur." Üben Sie diese Strategie mit den Schülern, bis es ihnen zur Gewohnheit wird.

Auch schwierige Gleichungen können nach diesem Muster eingeführt werden. Je weiter Schüler in der Mathematik sind, desto umfassender werden die Probleme. Die Aufgaben erfordern immer mehr Einzelschritte. Die Autoren haben festgestellt, daß die Schüler komplexe Multiplikations- und Divisionsaufgaben sehr viel besser bewältigen, wenn der Lehrer die Information aufteilt, so daß die Einzelheiten leicht faßbar sind. Hat der Lehrer einmal herausgefunden, wie groß diese Untereinheiten sein dürfen, kann er die vorher beschriebenen Strategien anwenden.

Ein weiterer Faktor für den Erfolg der guten Schüler sind Aufmerksamkeit und Konzentration. Die Schüler, die sich ruhig auf die Mathematik konzentrierten, waren erfolgreich. Achten Sie darauf, daß die Schüler immer wieder ihre Lernhaltung einnehmen.

Glaubenssystem

Aus der Befragung der guten Mathematikschüler ergab sich, daß sie schon als Kinder überzeugt waren, daß sie rechnen konnten. Personen aus ihrem Umfeld (Eltern, Lehrer, etc.) hatten ihnen bestätigt, daß sie gut waren. Die Aufmerksamkeit war also auf ihren Erfolg gerichtet, nicht auf Versagen.

Schwache Schüler waren von klein auf überzeugt, daß Mathematik schwierig sei. Das traf besonders auf Mädchen zu, die glaubten, daß es für sie besonders schwer sei, so daß sie gar nicht auf gute Noten zu hoffen brauchten. Aufgrund dieser negativen Aussage bemühten sich viele kaum um gute Leistungen. Gerade bei jungen Schülern haben solche Aussagen eine starke Wirkung. Deshalb sollte man betonen, daß Mathematik genau wie jedes andere Fach gelernt werden kann. Die Versicherung des Lehrers, daß sie es lernen **können**, macht einen gewaltigen Unterschied.

Organisieren Sie ihren Unterricht so, daß der Schüler Erfolg hat. Eventuell müssen Sie zu einer Stufe zurück, die der Schüler gut verstanden hat. Arbeiten Sie auf dieser Stufe, bis der Schüler das Gefühl bekommt, daß er es schaffen kann. (Siehe auch die Diagnostische Reihe von Van Nagel, 1983.)

Gefühle

Die Autoren fanden heraus, daß gute Schüler mit Mathematik gute Gefühle assoziierten. Sie hatten von Anfang an in Mathematik Erfolg und waren auch überzeugt, daß sie es lernen konnten.

Schlechte Schüler blickten auf Mißerfolge in den ersten Anfängen zurück. Bei dieser Gruppe war es auffällig, daß die Lehrer ihren Fehlern mehr Aufmerksamkeit schenkten als ihren Erfolgen. Es zeigt sich schnell, daß zwischen dem Glaubenssystem, den Erfolgen und Gefühlen ein enger Zusammenhang besteht.

Dem schwachen Schüler müssen angenehme, positive Erfahrungen in Mathematik ermöglicht werden. Dafür bieten sich die Techniken des Veränderns der Geschichte, der Dissoziation und des Ankerns an. Gefühle spielen beim Lernen eine größere Rolle als die meisten Lehrer annehmen; erst allmählich wird diese Erkenntnis Allgemeingut.

STRATEGIEN FÜR DAS LESEN

In diesem Abschnitt lernt der Lehrer neue Strategien kennen, mit denen die Lesegeschwindigkeit und das Verständnis erhöht werden können.

Neurologische Physiologie

Auch hier gibt es große Haltungsunterschiede bei guten und schwachen Schülern. Schüler, die gut lesen und den Inhalt schnell begreifen, stellen meist ihre Bücher auf, während schwache Schüler sie flach auf den Tisch legen. Viele berichteten auch, daß sie sich den Inhalt besser merken konnten, wenn sie das Buch im Bett lasen.

Die Befragung dieser Gruppe ergab, daß die Schüler im Bett das Buch jeweils in Augenhöhe hielten. Die Autoren fanden heraus, daß sich die Aufnahmefähigkeit beim Lesen verbesserte, wenn der Text in Augenhöhe gehalten wurde. Diese Feststellung traf nicht für alle zu, jedoch für die meisten, die diese Haltung ausprobierten.

Wenn Schüler ihr Buch zu ihrer Linken flach auf ihr Pult legten, hatten sie Schwierigkeiten mit der Konzentration und träumten zwischendurch vor sich hin. Wahrscheinlich wurden in dieser Position emotionale Zentren im Gehirn stimuliert. Dann könnten auch andere Störungen (Subvokalisieren) auftreten und den Wahrnehmungsprozeß des Schülers stören.

Lag das Buch flach auf dem Pult, waren die Schüler versucht, sich vorzubeugen. Wie die Autoren feststellten, saß die Mehrheit der Menschen (80 % und mehr), die schnell und mit gutem Verständnis lasen, aufrecht, mit beiden Füßen am Boden. Die schnellsten Leser benutzten Stühle mit gerader Rückenlehne. Sie saßen nicht nur aufrecht, sie berichteten, daß ihre Haltung bequem sein mußte. So atmeten sie ruhig und gleichmäßig. Schlechte Leser saßen zusammengesunken da und atmeten unregelmäßig.

Gute Leser schienen wie in Trance zu sein, während sie lasen, die ganze Aufmerksamkeit auf ihr Buch gerichtet. Leute, die nicht gut und gern lasen, wirkten nicht sehr konzentriert und waren leicht abzulenken. Die meisten berichten, daß sie müde seien und keine Energie hätten, um sich zu konzentrieren. Dagegen meinten die engagierten Leser, daß sie genug Energie hätten. Fehlt langsamen, unkonzentrierten Lesern die Energie, und warum? (Die Autoren werden in weiteren Studien diesen Zusammenhang untersuchen.)

Bei den erfolgreichen Lesern fanden die Autoren, daß sie zu bestimmten Tageszeiten schneller und mit mehr Verständnis lesen konnten. Die meisten berichteten, daß früh morgens oder spät abends die besten Zeiten waren. (Mehr darüber in zukünftigen Büchern über Studienverhalten.) Am Morgen war der Energiepegel hoch, abends gab es kaum Lärm und Ablenkung. Für das Lesen sind also offensichtlich Energie und ungestörte Konzentration wichtig.

Gute Beleuchtung war eine weitere wichtige Voraussetzung. Viele zogen das Licht von normalen Glühlampen einer Neonbeleuchtung vor. Eine Studie von Dr. Ott (1974) ergab, daß einige Schüler durch

Neonbeleuchtung hyperaktiv wurden. Dieses Licht würde also die Konzentration stören. Wenn Sie Neonbeleuchtung haben, wäre es gut, diese gegen Glühlampen auszutauschen oder Neonröhren zu kaufen, die dem natürlichen Licht so weit wie möglich angeglichen sind.

Strategien

Hauptunterschied zwischen langsamen und schnellen Lesern war der Vorgang des Subvokalisierens. Schnelle Leser subvokalisieren fast nie, d. h. sie sprechen die Wörter, die sie lesen, nicht mit. Die Lesegeschwindigkeit und das Verständnis langsamer Leser konnten erhöht werden, wenn sie beim Lesen die Zungenspitze gegen den Gaumen preßten. Das hinderte sie am Subvokalisieren.

Schnelle Leser erfaßten ganze Wortgruppen oder Sätze, langsame Leser lasen Wort für Wort, um keine Zeilen zu überspringen. Die Autoren machten ihnen den Vorschlag, ihren Finger oder ein Lineal zu benutzen, um so ihre Energie auf das Lesen richten zu können. Die Geschwindigkeit wurde dadurch erhöht, daß sie zunächst den Finger schneller bewegten, als sie normalerweise lasen. Damit nahm die Geschwindigkeit zu, aber ihr Verständnis verminderte sich vorübergehend.

Hier zeigte sich die hervorragende Fähigkeit des Gehirns, zu kompensieren und auch auf einer höheren Stufe zu funktionieren. Nach nur zwei Wochen Übung hatte sich ihr Verständnis der größeren Geschwindigkeit angepaßt, es war sogar besser als anfänglich. Das läßt sich so erklären, daß das Auge die Geschwindigkeit aufnimmt, es folgt dem Finger und erfaßt die Wörter. Bewegt sich der Finger schneller, so nehmen das Auge und das Gehirn mehr Informationen auf. Aufmerksamkeit und Konzentration werden durch dieses Vorgehen erhöht. Zunächst mag das Verständnis geringer werden, aber das Potential des Gehirns ist angeregt, das Verständnis wird besser, gleicht sich wieder an und übertrifft den ursprünglichen Stand.

ERFOLGREICHE SCHÜLER

Gute Leser variieren ihre Geschwindigkeit entsprechend dem Stoff, den sie lesen. Langsame Leser unterscheiden nicht; deshalb wurde ihnen gezeigt, wie sie Seiten überfliegen konnten. Sie wurden ermutigt, Bücher, die nicht zum Lernstoff gehörten, schneller zu lesen.

Mit der erreichten höheren Geschwindigkeit konnten sie bald auch die Bücher lesen, die für den Unterricht aufgegeben waren. Wichtig war dabei, daß das Stoffgebiet interessant und altersgemäß war. Auch das Vokabular war von entscheidender Bedeutung. Hier zeigte sich ein weiterer Unterschied zwischen guten und schwachen Schülern. Gute Schüler hatten einen umfangreichen Wortschatz, während schwache Schüler unter dem Durchschnitt der Alters- und Klassenstufe waren. Diese Schüler konnten schneller lesen, wenn ihnen vorher schwierige Wörter erklärt wurden.

Viele gute Leser waren vollkommen absorbiert von ihrem Buch, während schwache Leser leicht ablenkbar waren. Wurden Ruhe und Konzentration bei ihnen geankert, konnten sie besser und schneller lesen. Mehr Information dazu auf der Kassette von Van Nagel (Relaxation Response, 1984).

Wichtig ist auch die Entfernung zwischen Buch und Augen. Ein guter Abstand ist zwischen 38 und 55 cm (15–22 inches). Machen Sie selbst ein kleines Experiment und sehen Sie, wie die Anzahl der Wörter, die Sie erkennen, vom Abstand abhängig ist. Halten Sie das Buch nahe an die Augen und dann weiter weg, und vergleichen Sie, wie viele Wörter Sie jeweils sehen. Sie verstehen sofort, warum Sie bei geringem Abstand nur sehr langsam lesen können.

Glaubenssystem

Die meisten begeisterten Leser glaubten, daß Lesen wichtig sei und ihre Weiterentwicklung fördere. Weitere Aussagen waren, daß Lesen ein Weg sei, um sich zu informieren und daß es Spaß mache. Lesen wurde als durchaus sinnvoll und vergnüglich bezeichnet. Leute, die gerne und viel lasen, berichteten, daß ihre Eltern ihnen in ihrer Kindheit vorgelesen hatten. Außerdem gab es zuhause viele Bücher und Zeitschriften. Hier zeigte sich besonders der Kontrast zu denen, die langsam und wenig lasen. Sie glaubten, daß Lesen mühsam sei. Ihnen war nur selten von ihren Eltern vorgelesen worden. Sie selbst glaubten auch, daß sie nicht gut lesen könnten; sie zweifelten sogar daran, daß sie durch Übung lernen könnten, schneller und mit mehr Verständnis zu lesen.

Um die negativen Erwartungshaltungen abzubauen, wurden Verändern der Geschichte und andere schon beschriebene Techniken mit Erfolg angewendet.

Gefühle

Erfolgreiche Leser berichteten, daß sie mit Begeisterung lasen und sich mit dem Inhalt identifizierten. Mit dem Lesen verbanden sie positive Assoziationen wie Erinnerungen an Eltern und Lehrer, die ihnen Bücher zeigten, von denen sie begeistert waren.

Schüler, die nur ungern lasen, hatten selten vorgelesen bekommen. Der Lesestoff, den sie in der Schule erhalten hatten, war zu anspruchsvoll gewesen und so wußten sie hauptsächlich über Mißerfolge und daraus resultierende negative Gefühle zu berichten. Sie versuchten deshalb, ihre Informationen auf anderen Wegen zu bekommen. Lesen bedeutete für sie keine Entspannung.

So empfiehlt es sich für Eltern und Lehrer, Kindern vom Babyalter an interessante Geschichten vorzulesen. Das führt nicht nur zu Aufgeschlossenheit für Bücher, sondern bietet auch Gelegenheit zu gemeinsamer Betätigung. Bei interessierten Lesern fanden sich viele angenehme Erinnerungen an Lesestunden mit Eltern und Lehrern.

Nach Möglichkeit sollten den Schülern Bücher angeboten werden, die ihren Interessen und Wünschen entsprechen. Eine Untersuchung der in der Schule verwendeten Texte zeigt, daß ihr Inhalt für die Schüler oft wenig relevant ist. Damit läßt sich nur schwer das Interesse der Schüler gewinnen. Zwingt man Schüler, langweilige, trockene Texte zu lesen, deren Sinn und Zweck zudem nicht ersichtlich ist, bilden sich sehr schnell negative Assoziationen heraus. Außerdem bestehen bei den High-school-Jahrgängen große individuelle Unterschiede in bezug auf das, was als geeigneter Lesestoff gilt. In manchen Schulen (in den USA) gibt es eine überwältigend lange Liste von Texten bzw. Büchern, die die Schüler lesen müssen. Es scheint, daß manche Lehrer erwarten, daß ihre Schüler mehr durch Lesen lernen als durch Unterrichten.

Lehrer fordern ihre Schüler auf zu lernen, aber sie sagen ihnen nicht, wie sie lernen sollen. Dies aber wäre Aufgabe des Lehrers. Lernen kann Spaß machen, wenn man die Methoden anwendet, die hier beschrieben wurden. Üben Sie und wenden Sie die Techniken an, sie werden begeistert sein von den Erfolgen.

KAPITEL 9

WIE KÖNNEN SCHÜLER IHRE INNEREN RESSOURCEN FÜR UNBEGRENZTES WACHSTUM NÜTZEN

Überblick

In diesem Kapitel lernen Sie, wie Sie ihren Schülern beibringen können, die Strategien kompetenter Leute zu evozieren. Haben Ihre Schüler dann effektive Strategien evoziert und sich angeeignet, können sie diese in einem Kontext erfolgreich anwenden und auch auf andere Bereiche übertragen.

Begriffe

B E G R E N Z U N G E N – Aufgrund seines Glaubenssystems befaßt sich ein Individuum überwiegend mit seinen Begrenzungen und vergißt dabei sein Können und seine Möglichkeiten. So beschäftigen sich die meisten Menschen mehr mit den Dingen, die sie nicht können, anstatt mit dem, was sie können.

I N N E R E S V I D E O B A N D – Sie vergegenwärtigen sich internal die Erinnerung an andere Menschen oder eigene Erlebnisse visuell und auditiv. Die Erinnerung kann angenehm oder auch negativ sein.

K R E A T I V E S Y N T H E S E – Zwei oder mehr Strategien werden kombiniert, um ein besseres Ergebnis zu erzielen. Beispiel: Um eine neue Sportart zu lernen, wird sowohl modelliert als auch visualisiert.

M O D E L L I E R E N – Das Evozieren und Imitieren der Strategie eines Menschen, der eine Aufgabe hervorragend und anscheinend ohne Mühe erledigt.

WIE KÖNNEN SCHÜLER IHRE INNEREN RESSOURCEN FÜR UNBEGRENZTES WACHSTUM NÜTZEN.

Beim Neurolinguistischen Programmieren, das Grundlage für die Ideen dieses Buches ist, gilt als Grundsatz, daß ein Individuum selbst alle Ressourcen bereits besitzt, die für die gewünschte Veränderung nötig sind. Nimmt man diese Voraussetzung wörtlich, könnte man fragen: „Und wenn ich meinen Arm verliere, wächst mir dann ein neuer nach?" Unter den heutigen Bedingungen heißt die Antwort offensichtlich nein. In unserem genetischen Code ist all die Information gespeichert, die nötig wäre, um den Arm nachwachsen zu lassen, wenn wir nur wüßten, wie dieser Code zu knakken ist. Vielleicht gelingt Genforschern in den nächsten 20 Jahren diese Art von Durchbruch.

Aber es gibt eine andere Sichtweise für diese Idee der unbegrenzten Ressourcen in uns. Einige Studien haben ergeben, daß einige Personen, die überragende I.Q.s hatten, sehr massive Tumoren im Gehirn hatten, die eigentlich ihre Fähigkeiten hätten zerstören müssen. Aber nach Operationen gewannen diese Menschen ihre Fähigkeiten zurück. Wir wissen nicht, wie wir diese Einzelfälle deuten sollen. Aber sicher ergibt sich daraus die Frage nach dem, was möglich ist. Beide Beispiele sollen Sie dazu anregen, sich zu fragen: **„Was können meine Schüler?"** Könnte es sein, daß mehr möglich ist, als wir uns je vorgestellt haben ‹–› daß tatsächlich unvorstellbar mehr an Wissen und Können möglich wären?

Unsere traditionellen Methoden haben uns den Gedanken an unsere Begrenzungen akzeptieren lassen. Hier wird jedoch eine Methode vorgestellt, die dieses Konzept widerlegt. Die erste Strategie, die Sie Ihren Schülern beibringen ist, wie Ressourcen von einem Kontext in einen anderen übertragen werden können. Sie wird als kontextuelle Übertragung bezeichnet.

Beispielsweise hatte einer der Autoren vor einiger Zeit einen Klienten, der sich nur dann wohl fühlte und mit anderen Leuten unterhalten konnte, wenn er Alkohol genossen hatte. Wenn er jedoch trank, zogen sich die anderen Leute von ihm zurück. Gefragt, warum er denn trinken müsse, um freundlich sein zu können, sagte er: „So bin ich eben." Dies erinnert an die These vom genetischen Ursprung des Verhaltens. Der Mann wurde dann gefragt, ob er in anderem Kontext spontan reagieren könne. Er antwortete sofort. „Nein." Im Gespräch ergab sich, daß er Abteilungsleiter in einer großen Computerfirma war. In seiner Rolle als Leiter, stellte sich dann heraus, fühlte er sich wohl und war durchaus gesellig.

Dieser Mann wurde nun aufgefordert, sich assoziiert an eine Arbeitssituation zu erinnern, in diese Situation zu gehen und diese Ressource von entspannter Geselligkeit zu ankern. Dann sollte er sich eine Situation in der Zukunft vorstellen, in der er sich in einem privaten Kreis mit Leuten unterhielt. Während er sich das vorstellte, sollte er seinen Anker auslösen, so daß er damit seine Fähigkeit zu geselligem Umgang aus seinem beruflichen Umfeld auch auf andere Bereiche übertrug.

Damit dieses Beispiel für Sie anschaulicher wird, sollten Sie eine Situation aus Ihrem Leben finden, in der Sie sich durch Ihre Gefühle eingeschränkt fühlen, beispielsweise die Gegenwart einer Autoritätsperson. Suchen Sie dann nach einem Kontext, in dem Sie fähig sind (oder waren), sich mit solchen Personen unbefangen zu unterhalten. Möglicherweise sagen Sie, daß Sie sich in Gegenwart von Autoritätspersonen nie wohl fühlen, oder aber Sie finden gleich ein passendes Beispiel. Erforschen Sie möglichst viele Situationen, um eine passende Ressource zu finden. Sie werden sicher etwas Passendes finden.

Haben Sie das geeignete Beispiel gefunden, dann sollten Sie dieses Ereignis noch einmal erleben, in das Gefühl gehen und die Ressource ankern. Denken Sie danach an eine in der Zukunft liegende Begegnung mit Autoritäten, gehen Sie assoziiert in diese Vorstellung und feuern Sie dann Ihren Ressourceanker.

Nachdem Sie nun die Erfahrung am Beispiel Ihrer eigenen Geschichte gemacht haben, ist Ihnen wahrscheinlich aufgefallen, daß Sie mehr Ressourcen haben, als Sie vorher für möglich gehalten haben. Vielleicht stellen Sie fest, daß sie die Ressource zwar haben, jedoch in einem anderen Bereich. Immerhin haben Sie überhaupt Ressourcen gefunden und können die Ressourcen selbst dahin übertragen, wo Sie sie benötigen.

Somit können Sie jetzt Ihren Schülern helfen, wie sie die benötigten Ressourcen finden, und diese von einem Kontext in einen anderen übertragen können. Wenn Sie das mit einigen Schülern tun, werden Sie merken, daß es Ihnen ziemlich schwer fällt, Überzeugungen und Begrenzungen, die die Schüler zum Ausdruck bringen, zu akzeptieren.

Modellieren ist eine zweite Methode, um innere Ressourcen zu evozieren. Manche Schüler können sich gar nicht vorstellen, wo ihre Ressourcen sein könnten. So ist es manchmal leichter, jemanden zu modellieren, der die benötigte Ressource besitzt. Denken Sie an die Amateursportler, die Spitzensportler genau beobachten und ihr Vorgehen und ihre Haltung imitieren. Dadurch verbessern sie ihre Leistungen entscheidend.

Die Imitation der Vorgehensweise von Personen, die auf einem Gebiet absolut kompetent sind, ist eine wertvolle Ressource. Diese kann den Schülern folgendermaßen zugänglich gemacht werden:

1. Bitten Sie den Schüler, jemanden auszuwählen, der ihm das, was er können möchte, vorführen kann.

2. Der Schüler soll dem anderen folgende Fragen stellen:
   a. Wie bereitest du dich vor?
   b. Was tust du zuerst?
   c. Was tust du danach?
   d. Stellst du dir dabei bildlich etwas vor?
   e. Sagst du dir innerlich etwas?
   f. Was empfindest du?
   g. Wie tust du es, schrittweise?

3. Der Schüler bittet den anderen um folgendes:
   a. Ich stelle mich neben dich, um zu imitieren, was du tust.
   b. Sage mir, wenn ich etwas nicht genauso mache wie du.
   c. Was kann ich noch tun, damit ich alles genauso mache wie du?

4. Der Schüler soll diese Tätigkeit üben.

5. Geben Sie dem Schüler Feedback.

Anmerkung: Je nach Art der Tätigkeit können weitere Fragen nötig sein.

Zunächst sollte der Schüler diese Fragetechnik für kurze Tätigkeiten erproben, z. B. um einen Tanzschritt zu lernen, oder wie man sich auf einen Vortrag vorbereitet oder wie man jemanden anspricht, den man noch nicht kennt, etc.

Die dritte Methode ist die kreative Synthese. Es gibt viele Arten von Kreativität, wir führen die Synthese am Beispiel der Kreativität vor.

Denken Sie einmal zurück an eine Zeit, als Sie versuchten, ein Problem zu lösen, aber bei allem Nachdenken immer nur dieselbe Antwort fanden. Und diese Antwort löste Ihr Problem nicht, Sie kamen nicht weiter, Sie waren blockiert. Schließlich haben Sie Ihr Problem nochmals überdacht und fanden eine andere Lösung. Wenn Sie sich daran erinnern, werden Sie merken, daß Sie an einem bestimmten Punkt eine Entscheidung erreichten und Ihre Blokkade überwanden.

Wie kamen Sie zu Ihrer Entscheidung? Denken Sie noch einmal an den Ablauf. Vielleicht haben Sie in Ihrer eigenen Geschichte Begebenheiten gesucht, da Sie ähnliche Probleme gelöst hatten. Sie haben sich die Szene bildlich und auditiv noch einmal vorgestellt, oder Sie haben andere Leute beobachtet, die ein ähnliches Problem erfolgreich gelöst hatten und Sie begannen, deren Strategien auf Ihr Problem anzuwenden.

Sie haben dann entweder aus der eigenen Erfahrung oder dem Vorgehen anderer die Komponenten herausgefunden, die zum Erfolg führten. Diese Komponenten ergaben aneinandergefügt eine neue Strategie, die Sie auf Ihr inneres auditiv/visuelles Band übernahmen, bis Sie einen Weg zur Lösung Ihres Problems fanden. Sie betrachteten sich auf diesem Band, wie Sie das Problem lösten, und spielten verschiedene Möglichkeiten durch, bis Sie das Gefühl hatten, daß Sie es schaffen würden. Dies ist dann der Fall, wenn Ihre internale Vorstellung mit der konstruierten Phantasie übereinstimmt. Dieses Stadium erreichen Sie, indem Sie Ihre Ressourcen mit denen anderer erfolgreicher Menschen kombinieren.

Genau diese Methode können sowohl Sie, als auch Ihre Schüler anwenden, wenn Sie in einem Problem stecken. Hier noch einmal die einzelnen Punkte:

1. Beschreiben Sie genau das gewünschte Verhalten oder den gewünschten Zustand.

2. Gehen Sie Ihre eigenen Ressourcen in verschiedenen Bereichen durch.

3. Überlegen Sie, wer auf dem betreffenden Gebiet bereits erfolgreich ist.

4. Kombinieren Sie die passenden Komponenten aus Ihren Ressourcen und dem Verhalten anderer.

5. Machen Sie sich eine innere auditiv/visuelle Vorstellung von sich, wie Sie die neue Strategie, die sich aus 4. ergibt, ausführen; dabei ist assoziiertes Erleben wichtig.

6. Lassen Sie das innere Band ablaufen.

7. Überprüfen Sie, ob Sie sich dabei gut fühlen.

8. Führen Sie aus, was Sie wollten; ergeben sich an einem Punkt Schwierigkeiten, gehen Sie zurück und fügen Sie weitere Komponenten oder Ressourcen hinzu.

Zur Illustration hier das Beispiel einer Schülerin, die Dirigentin einer Schülerband werden wollte. Sie wurde aufgefordert, sich zunächst auf ihrem inneren Videoband vorzustellen, wie sie vor der Gruppe stehend aussehen würde. Dann sollte sie sich an Zeiten erinnern, als sie erfolgreich dirigiert hatte, und anschließend die gemeinsamen Komponenten zusammenstellen.

Zusätzlich sollte sie sich an andere erfolgreiche Dirigenten erinnern und deren Strategien extrahieren. Auf einem imaginären Band sollte sie dann ihre eigene Erfolgsstrategie und die anderer kombinieren. Dieses Band ließ sie dann mehrmals ablaufen, und zuletzt fügte sie sich selbst als Akteurin ein.

Als sie sich dabei gut fühlte und sich sicher war, daß sie diese Tätigkeit können würde, sollte sie vormachen, wie sie eine Band dirigierte. Dabei zeigte sich dann, daß sie zurückgehen mußte und Komponenten von fünf weiteren Modellen brauchte, bevor sie sich gut genug fühlte, um vor einer Gruppe zu üben.

INNERE RESSOURCEN

In diesem Kapitel wurden Ihnen Wege aufgezeigt, wie Sie Ihre Schüler lehren können, ihre eigenen Ressourcen zu nutzen, andere zu modellieren und mit der Kombination der beiden Methoden neue Strategien zu finden. Jede dieser Techniken hilft dem Schüler, Lernhemmnisse und eigene Begrenzungen zu überwinden. Mit einiger Übung werden Ihre Schüler in der Lage sein, eigene Blockaden zu meistern. Sie können auch sich selbst weiterhelfen, wenn Sie das Gefühl haben, daß Sie festgefahren sind.

Kapitel 10

BEFRIEDIGENDE KOMMUNIKATION oder DIE ILLUSION VON VERSTEHEN

Überblick

In diesem Kapitel wird dargestellt, welchen entscheidenden Einfluß die Sprache auf das Verhalten ausübt. Sie werden erkennen, daß ein Wort für mehrere Menschen oft unterschiedliche Bedeutung hat. Sie lernen die Fallen kennen, in die Sie und andere stolpern und verstehen dann, warum es so viele Mißverständnisse gibt. Sie werden in die Lage versetzt, besser und eindeutiger zu kommunizieren und infolgedessen befriedigendere menschliche Beziehungen zu pflegen.

Begriffe

DIE LANDKARTE IST NICHT DAS GEBIET – Dieser Ausspruch beschreibt die Tatsache, daß das Bild der Realität eines Individuums häufig nicht mit dem eines anderen übereinstimmt. Jeder Mensch entwickelt sein Modell der Welt durch den Filter seiner sinnlichen Wahrnehmungen. Die unterschiedlichen Modelle entstehen durch verschiedene Arten der Wahrnehmung und individuell unterschiedliche Konditionierung.

NOMINALISIERUNGEN – Abstrakte Substantive. Eine Handlung wird in einen abstrakten, statischen Gedanken verwandelt. „Mrs. Jones hat zuviel **Verantwortung**.

FEHLEN DES BEZUGSINDEX – Jemand oder etwas fehlt. Im Satz wird nicht klar, auf wen oder was der Sprecher sich bezieht. Einige der meistbenutzten Wörter sind er, sie, die Schule, die Autorität. „**Sie** (die Leute) können das nicht vestehen."

UNVOLLSTÄNDIG SPEZIFIZIERTE VERBEN – Die Beschreibung ist ungenau. „Bill **mag** mich nicht."

MODALOPERATOREN DER NOTWENDIGKEIT – Modaloperatoren sind Wörter wie müssen, sollen, nicht können. Es wird der Eindruck erweckt, als habe der Sprecher keine Wahl. „Ich **muß** das tun, ich **kann** es nicht."

ÜBERGENERALISIERUNG – Die Generalisierung wird übertrieben. Von einer oder wenigen Personen wird auf alle Menschen geschlossen, ein Ereignis wird generalisiert. „Eltern sind altmodisch."

GEDANKENLESEN – Eine Person meint, sie wisse, was die anderen denken. „Ich weiß, daß Sie nicht meiner Meinung sind."

URSACHE – WIRKUNG – Man führt eine Wirkung auf eine bestimmte Ursache zurück, die aber nicht unbedingt zutrifft. „Wenn Du gute Noten hast, bekommst Die eine Arbeitsstelle".

VERLORENE ZITATE oder MORALISCHE URTEILE – Verhalten wird nach Werturteilen bewertet. „Es ist **schlecht,** die Strategie für eine Unterrichtsstunde zu verändern."

BEFRIEDIGENDE KOMMUNIKATION oder DIE ILLUSION VON VERSTEHEN

Unsere Kultur vermittelt uns implizit, daß Sprache auf klare, eindeutige Weise Ideen und Fakten darstellen kann. Es gibt wahrscheinlich in keinem anderen Bereich eine derart unkritische Übereinkunft unter den Menschen, wie wenn es um das Verständnis von Sprache geht. Wir sind uns unausgesprochen einig, daß wir **wissen**, was jedes einzelne Wort für jeden bedeutet.

Nehmen Sie z. B. das Wort „lieben" in einem Satz wie „Ich liebe Dich sehr, John." Kaum jemand würde nachfragen, was mit dem Wort Liebe gemeint ist. Fragen Sie aber 100 Menschen, was Liebe für sie bedeutet, würden Sie 100 verschiedene Beschreibungen und Definitionen erhalten. Und Sie würden nicht nur verschiedene Definitionen bekommen, sondern herausfinden, daß der Bezugsrahmen der Befragten ebenfalls differiert. Einige Leute beziehen das Wort auf sich und beschreiben Liebe so, wie sie selbst lieben. Vielleicht beschreiben sie ihre persönlichen Eigenschaften, wenn sie verliebt sind. Andere nennen die Dinge, die der andere tun müßte, oder die Eigenschaften, die er haben müßte, damit sie sich geliebt wissen.

Der Mensch befindet sich in einer paradoxen Situation, da er mittels der Sprache kommuniziert: Einerseits erliegen wir der Illusion, daß wir wissen, was die Worte bedeuten, die andere zu uns sagen. Damit ist ein fundamentaler Bezugsrahmen vorhanden, so daß wir Gedanken austauschen können, ohne daß die Bedeutung jedes Wortes erklärt werden müßte. Andererseits bedenken wir nicht, daß wir bestimmten Worten eine spezifische, persönliche Bedeutung zuweisen. Dazu gibt es Hunderte von Wörtern, die mehrdeutig sind. Um ein spezielles Wort zu verstehen, müssen wir den dazugehörigen Kontext kennen.

DIE LANDKARTE IST NICHT DAS GEBIET

Zunächst ist es wichtig, das Leitmotiv von NLP zu erklären. „Die Landkarte ist nicht das Gebiet" – Worte repräsentieren nicht die wahre Wirklichkeit (Korsybski, 1933). Dieser Satz erklärt, wie Menschen Dinge verarbeiten und speichern. Mit zwei oder drei Jahren hörten sie das Wort „Haus" von anderen Leuten. Als Kind lernten Sie, daß mit „Haus" das Haus Ihrer Eltern gemeint war. Vielleicht sagten Sie sich das Wort innerlich vor.

Später erfuhren Sie, daß mit „Haus" auch die Häuser von Verwandten und Freunden bezeichnet wurden. Sie begannen, internale visuelle Bilder von deren Häusern zu speichern. Im Schulalter hatten Sie mehrere internale Abbildungen von Häusern, die Sie überprüfen konnten, um dem Wort „Haus" einen Sinn zu geben. Während der Schulzeit formten Sie vielleicht ein neues, generalisiertes Abbild, das mehrere Häuser umschloß. Vielleicht war es das Haus, in dem Sie lebten, oder das Sie verlassen hatten, möglicherweise eine Kombination mehrerer Häuser. Jedenfalls dürfte die Vorstellung, die Sie mit dem Wort „Haus" verbinden, sehr verschieden sein von der anderer Menschen.

Betrachten wir nun anstelle eines konkreten Objektes einen abstrakten Begriff, so wird deutlich, wie schwierig Kommunikation ist. Worte wie Liebe und Vertrauen variieren in der Bedeutung, je nachdem, ob eine spezifische Situation gemeint ist oder der generalisierte Begriff. Bei dem konkreten Wort Haus und dem abstrakten Begriff Liebe gehen wir zunächst von unserem spezifischen Bezugsrahmen aus und übertragen diesen auf viele Situationen und Erfahrungen.

Kommunikation kann so mehrdeutig sein und zu Irrtümern und Problemen führen. Ohne präzise Kommunikation werden unsere Versuche, uns mitzuteilen, zu unterrichten und Verhalten zu verändern, sehr behindert. Mit den Informationen dieses Kapitels werden Sie sich mit Ihren Schülern und Ihren Kollegen weit besser verständigen können.

Bedenken Sie einmal, was die meisten Probleme in Ihrem Leben schafft. Es ist das, was Sie sagen, wie Sie es sagen und was man Ihnen sagt. Oft wird das, was wir sagen wollen, nicht so verstanden, wie es gedacht war. Um dieses Problem zu verringern, bieten wir Ihnen das folgende semantische Modell mit Beispielen an.

NOMINALISIERUNGEN: ABSTRAKTE SUBSTANTIVE

Ein Verb, das Bewegung über eine Zeitspanne hinweg andeutet, wird in ein Substantiv verwandelt und dadurch statisch in der Zeit. Das Verb als Prozeßwort drückt Aktivität aus, ein Substantiv ist festgelegt und unveränderlich. Wir lernen abstrakte Begriffe wie das Gute und das Böse, Vertrauen, Erfolg und Mißerfolg. Aber man bringt uns nicht bei, wie wir die genaue Bedeutung erfahren können, wenn andere die Wörter gebrauchen.

Zunächst werden im folgenden Wörter besprochen, die zu Substantiven umgeformt wurden. Beispiele für diese Kategorie sind Versagen (versagen), Beziehung (sich beziehen auf), Entscheidung (entscheiden), Wahrnehmung (wahrnehmen). Das Resultat ist in jedem Fall, daß die Aktivität des Verbs gestoppt und damit das Ereignis abgeschlossen wurde. Dadurch daß der Sprecher das Ereignis als beendet betrachtet, hat er seine Wahlmöglichkeiten begrenzt.

Beispiel 1:
Schüler: „Ich bin ein Versager."
Lehrer: **„Wie** hast du versagt?"
Schüler: „In Mathe, ich kann mir das Einmaleins nicht merken."

Vorschlag zur Klärung: Verwandeln Sie das Substantiv in ein Verb zurück. Fragen Sie mit **wie** oder **was**.

Begründung: Beachten Sie, daß der Schüler jetzt die Schwierigkeit genau beschreibt. Durch die Frage wurde das generelle Versagen auf ein konkretes Gebiet eingeengt. Damit haben Sie auch eine wichtige Information über das Glaubenssystem des Schülers bezüglich Mathematik. Zweitens wissen Sie jetzt, wo genau der Schüler hängt, und Sie können ihm bei seinem speziellen Problem helfen.

Beispiel 2:
Schüler: „Ich habe kein gutes Verhältnis zu meinem Physiklehrer."
Lehrer: „**Wie** verhältst du dich, daß das Probleme schafft?

Begründung: Wenn Schüler Substantive statt Verben anwenden, sind sie in einem geschlossenen Bezugsrahmen. Akzeptieren Sie das Ereignis als abgeschlossen, grenzen Sie die Diskussion und eine Lösung des Problems ein. Die Verbform läßt den Schüler wieder aktiv werden und läßt ihm Wahlmöglichkeiten.

FEHLENDER BEZUGSINDEX

In dieser Kategorie läßt der Sprecher offen, worauf oder auf wen er sich bezieht. Dies verursacht Verständigungsschwierigkeiten. Achten Sie auf Pronomen wie er, sie, es, sie (Plural), jene, diese u.a.

Beispiel 1:
Schüler: „Weil **sie** mich so behandeln, versage ich."
Lehrer: „**Wer** genau behandelt dich so, daß du versagst?"

Vorschlag zur Klärung: Fragen Sie nach „wer oder was genau ...?"

Begründung: Durch genaues Nachfragen wird das Problem erhellt.

Beispiel 2:
Schüler: „Die Lehrer sind unfair zu mir."
Lehrer: „Welche einzelnen Lehrer?"

Begründung: Durch diese Fragen gewinnt der Lehrer auch Informationen über die Personen, von denen der Schüler erzählt. Hier ist Rücksicht auf persönliche Bedürfnisse geboten. Wann immer Sie bei dieser Art von Fragen an sensitive Bereiche rühren, ist Vorsicht und Diskretion angebracht.

UNVOLLSTÄNDIG SPEZIFIZIERTE VERBEN

Ein derartiges Verb beschreibt ein Ereignis nur ungenau, das Wie, Wann und Wo einer Aktion bleibt unklar. Der Zuhörer ist gezwungen, die Bedeutung aus seinem Modell der Welt beizutragen. Dies kann mißverständlich sein.

Beispiel 1:
Schüler: „Jimmy beachtet mich nicht."
Lehrer: „**Wie genau** beachtet er dich nicht?"
Schüler: „Er geht aus dem Zimmer und wartet nicht auf mich."

Begründung: Die Befragung ergibt eine detaillierte Beschreibung. Es ist interessant, wie Informationen dieser Art dazu dienen, das Gedankenlesen und andere Kommunikationsprobleme einzuschränken.

Beispiel 2:
Schüler: „Martha ärgert mich."
Lehrer: „**Wie** ärgert dich Martha?"
Schüler: „Sie holt sich meine Unterlagen und gibt sie mir nicht zurück."

Vorschlag zur Klärung: Wie...? Was...? Wann...?

Begründung: Hätte der Lehrer nicht nachgefragt, hätte er ärgern auf seine Weise interpretiert. Ärgern kann sowohl eine verbale als auch eine physische Interaktion sein.

MODALOPERATOREN DER NOTWENDIGKEIT

Modaloperatoren sind Wörter wie müssen, nicht müssen, können, nicht können, sollen, etc. Sie implizieren eine Forderung bzw. Bedingung. An diesen Wörtern lassen sich die Einschränkungen des Sprechers ablesen. Formt man die Modaloperatoren um, ermöglicht man dem Schüler Alternativen und größere Wahlmöglichkeit.

Beispiel 1:
Schüler: „Ich kann mich nicht für die Diskussionsrunde melden."
Lehrer: **„Was hält dich davon ab?"**

Vorschlag zur Klärung: „Was hält dich davon ab...?" „Was würde passieren, wenn...?"

Begründung: Schüler sagen oft „Ich kann nicht", weil sie glauben, daß eine Aufgabe ihre Fähigkeiten übersteigt. Aber allzu oft ist es nicht mangelnde Fähigkeit, sondern nur ihr Glaubenssystem, das sie an bestimmten Dingen hindert. Mit Hilfe der Fragen kann der Lehrer die Begrenzungen herausfinden. Durch diese Information kann er die Selbsteinschätzung des Schülers besser beurteilen und gegebenenfalls intervenieren.

Beispiel 2:
Schüler: „Ich kann Mary doch nicht zu einer Diskussion herausfordern."
Lehrer: **„Was würde geschehen,** wenn du es tätest?"

Begründung: Die Frage des Lehrers bringt den Schüler auf zusätzliche Wahlmöglichkeiten und alternative Verhaltensweisen.

ÜBERGENERALISIERUNG

Beim Übergeneralisieren werden Worte verwendet, die allen Mitgliedern einer Klasse oder Gruppe angeblich die gleichen Eigenschaften zuschreiben. Eine oder wenige Erfahrungen werden als allgemein gültig betrachtet und individuelle Unterschiede werden infolgedessen zu wenig beachtet. Jemand, der zu Übergeneralisierung neigt, ist dann voreingenommen und kann kaum angemessen reagieren. Häufig verwendete Wörter sind alle, jeder, niemand, nichts, jedesmal, nie, immer etc.

Beispiel 1:
Schüler: „Nie spielt jemand mit mir."
Lehrer: „Spielt wirklich **nie jemand** mit dir?" oder „Ist es noch nie vorgekommen ...?"

Vorschlag zu Klärung: Übertreiben Sie die Generalisierung, indem Sie die entsprechenden Wörter besonders betonen oder hervorheben. Oder gehen Sie in die Gegenposition und fragen Sie z. B.: „Gab es eine Zeit, als jemand mit dir spielte?"

Begründung: Der Lehrer deckt die Widersprüche im Weltbild des Schülers auf und ermöglicht ihm dadurch eine neue Sichtweise. Schüler können dabei lernen, daß einige ihrer Ansichten nicht realitätskonform sind.

Beispiel 2:
Schüler: „Sie beachten mich überhaupt nie."
Lehrer: „Beachte ich dich wirklich **überhaupt nie**?"
Schüler: „Nun, vielleicht heute morgen, als ich ins Klassenzimmer kam."

Begründung: In beiden Beispielen übertreibt der Lehrer und veranlaßt dadurch den Schüler, seine Bemerkung zu überdenken. Kommt auf die Fragen nicht die erwartete Antwort, sollte der Lehrer weiter fragen, z. B. „Ist es jemals vorgekommen daß ...?" Mit Übertreibungen sollte man jedoch vorsichtig umgehen, sonst empfindet sie der Schüler möglicherweise als Ironie.

GEDANKENLESEN oder HELLSEHEN

Die Illusion besteht hier darin, daß ein Individuum meint, die Gedanken des anderen lesen zu können. Eine Person meint, sie könne vorhersagen, was der andere denkt oder fühlt, ohne ihn zu befragen. Das führt zu Mißverständnissen und eventuell zu Ärger bei dem Betroffenen. In unserer Gesellschaft lassen sich viele Beispiele von Gedankenlesen finden, wahrscheinlich nirgends so oft wie in Familien. Kinder müssen sich oft von ihren Eltern Bemerkungen anhören wie „John, du kannst mir doch nicht erzählen, daß du das nicht warst," oder „Ich weiß, was du denkst – du überlegst dir, wie du am besten davonkommst".

In einer Beziehung übernehmen wir bewußt und unbewußt Verhaltensweisen des anderen. Deshalb können wir manchmal vorhersagen, was der andere denkt oder fühlt. Aber auch wenn wir in etwa fünfzig Prozent der Fälle recht haben, so bleibt das Problem, daß wir uns auch genauso oft irren!

Beispiel 1:
Schüler: „Ich weiß, daß Sie mit meiner Arbeit nicht zufrieden sein werden."
Lehrer: „**Woher weißt du** das?"

Vorschlag zur Klärung: „Woher weißt du...?" „Wieso denkst du...?"

Begründung: Der Lehrer stellt die Aussage richtig und lernt die Ansichten des Schülers kennen. Der Lehrer erfährt einiges über das Glaubenssystem des Schülers und lernt ihn besser verstehen.

Beispiel 2:
Schüler: „John mag mich nicht."
Lehrer: „**Woher weißt du** das?"
Schüler: „Ganz einfach. Er spricht nie mit mir."

Begründung: Im vorigen Beispiel wurde durch die Frage klar, was der Schüler mit dem Wort mögen verbindet. So kann der Lehrer dem Schüler helfen, seine sozialen Fähigkeiten zu entwickeln und realistischer zu werden. John kann viel gewinnen, wenn er seine

Erwartungen erkennt und anpaßt. Aufklärung dieser Art ist gerade im Umgang mit Eltern und Schülern wichtig.

URSACHE – WIRKUNG

Damit ist die Überzeugung gemeint, daß jemand durch sein Handeln beim anderen Gefühle oder irgendeine Veränderung verursacht. Wer das glaubt, hält sich für abhängig und gibt die Verantwortung für sich selbst und für die eigenen Gefühle ab.

Beispiel 1:
Schüler: „Sie machen mich glücklich."
Lehrer: „**Womit genau** mache ich dich glücklich?"
Schüler: „Sie haben sich an mich gewandt und meine Fragen beantwortet."

Vorschlag zur Klärung: „Wie genau ...?"

Begründung: Der Lehrer gewinnt Einblick in die Auffassung des Schülers von Glück. In diesem Beispiel setzt dieser Glück mit Aufmerksamkeit gleich. Damit weiß der Lehrer auch, womit er den Schüler eventuell bestrafen oder belohnen könnte.

Beispiel 2:
Schüler: „Sie frustrieren mich."
Lehrer: „**Wodurch genau** frustriere ich dich."

Begründung: Hinterfragt man die Kausalität, fordert man vom Schüler weitere Informationen. Ein Gespräch wird so möglich, das vielleicht auch den Lehrer veranlaßt, sein Verhalten zu ändern. Durch diese Fragen kann der Lehrer darauf aufmerksam werden, daß die betreffenden Schüler nicht wissen, daß sie ihre Probleme und ihren Frust selbst verursachen.

VERLORENE ZITATE oder MORALISCHE URTEILE

Der Sprecher beurteilt Dinge oder Verhalten aus seiner Sicht. Er überträgt seine persönlichen Werturteile auf andere. Folgende Wörter werden gerne benutzt: gut, böse, verrückt, richtig, falsch, schlimm, etc.

Beispiel 1:
Schüler: „Das State College ist das beste."
Lehrer: **„Wer sagt das?"**
Schüler: „Mr. Jones, ..."

Vorschlag zur Klärung: „Für wen ist das so ?" „Wer sagt das?" „Woher weißt du...?"

Begründung: Durch Fragen hat der Lehrer die Quelle für das Urteil des Schülers herausgefunden. Damit kann er das Modell der Welt des Schülers erweitern und ihm helfen, seine Werturteile zu überprüfen und neue Standpunkte einzunehmen.

Beispiel 2:
Schüler: „Ich glaube, es ist falsch, die Meinung des Lehrers anzuzweifeln."
Lehrer: „**Wer sagt,** daß es falsch ist?"

Begründung: In diesem Fall verhilft Nachfragen zur Überprüfung des eigenen und fremder Wertsysteme. Irrtümer können berichtigt werden.

Zusammenfassend läßt sich sagen, daß die behandelten Vorgehensweisen die Verständigung mit Schülern und Kollegen erleichtern. Es wird weniger Probleme aufgrund von Mißverständnissen geben. Sie können verhindern, daß Sie von anderen, die in ihren Aussagen bewußt vage bleiben, manipuliert werden.

KAPITEL 11

NEUROLINGUISTISCHES PROGRAMMIEREN FÜR DIE ZUKUNFT

Überblick

In diesem Abschlußkapitel haben Sie Gelegenheit einzuschätzen, welches Potential Sie besitzen, nachdem Sie die vorangehenden zehn Kapitel erarbeitet haben. Sie können schnell positive Veränderungen in Ihrer Welt und der Welt Ihrer Schüler herbeiführen. Es ist zu hoffen, daß Unterrichts- und Erziehungsmethoden, der Bereich der psychischen Gesundheit und viele andere Bereiche von diesen neuen Methoden und von den unbegrenzten Ressourcen, die alle Menschen besitzen, profitieren. Es liegt bei Ihnen, diese Ressourcen nutzbar zu machen, und für sich selbst und die Welt Ihr Bestes zu leisten.

NEUROLINGUISTISCHES PROGRAMMIEREN FÜR DIE ZUKUNFT

In einer komplexen, sich ständig verändernden Welt, in der sich das vorhandene Wissen alle sieben Jahre verdoppelt, kommen wir schnell an den Punkt, daß wir neue Wege finden müssen, um schnell und effizient lernen zu können. Mühsamer, langwieriger Drill und „ohne Fleiß kein Preis" sind fragwürdige Methoden.

Das Potential des menschlichen Gehirns ist noch ungenutzt. Noch vor ein paar Jahren hielt man es für unmöglich, daß jemand eine Meile in einer Zeit von weniger als vier Minuten lief. Heute ist das nichts Besonderes mehr. Eine Änderung unseres Glaubenssystems eröffnet neue Möglichkeiten. Lehrer im ganzen Land beginnen zu erkennen, daß es einen besseren Weg zum Lehren und Lernen gibt.

DIE ZUKUNFT

Der Mut zu Veränderungen eröffnet neue Welten. „Feuerlaufen", das einigen erwählten Heiligen vorbehalten schien, wird nun in kurzer Zeit vielen Leuten beigebracht. ("Life Magazine", März 1985)

NLP und die hier beschriebenen Methoden für den Unterricht bieten machtvolle Instrumente zur Optimierung individueller Fähigkeiten. Bei der Anwendung der hier vorgestellten Methoden werden Sie entsprechend Ihren Bedürfnissen variieren und adaptieren. Übermitteln Sie uns Ihre Entdeckungen, so daß wir sie auch an andere weitergeben können.

Beim Lesen des Buches haben Sie möglicherweise an Ihre eigene Geschichte gedacht. Dabei sind Ihnen sicher Situationen eingefallen, in denen Sie, ohne es zu wissen, Prinzipien von NLP angewendet haben. Und es wird Ereignisse geben, wo Sie manche der Techniken hätten brauchen können, wenn Sie sie gekannt hätten.

Eine ernsthafte Frage stellt sich: „Was wird die Zukunft bringen?" Viele haben eine Art inneres Szenarium, in dem sie sich zukünftige Ereignisse vorstellen. Allzu häufig ist dieses Bild ein Spiegel der Vergangenheit, in dem sich geballt das zeigt, was nicht funktioniert hat, anstelle der errungenen Erfolge.

In dieser Beziehung wäre es sicher gut, wenn wir unsere alten Überzeugungen über Bord werfen und Raum schaffen für das, was in den nächsten zwanzig Jahren möglich sein könnte oder wahrscheinlich sogar möglich sein wird. Es ist sicher richtig, daß langfristige Vorhersagen sich als lästig erweisen können; dennoch ist es ebenso zutreffend, daß eine Gesellschaft ohne Träume und realistische Projektionen, aufgrund lange gepflegter, falscher Überzeugungen in Stagnation verfällt. Wie viele unserer Glaubenssätze sind vielleicht nicht ein Produkt der Realität, sondern unseres limitierenden Glaubenssystems? Wir müssen uns vorstellen, was möglich sein kann und dürfen uns nicht durch das, was wir heute sehen, einengen.

Werfen wir doch einen Blick auf das Potential, das durch Training und Erziehung gefördert werden kann. Weshalb muß der Erwerb von Wissen während unserer Schulzeit schmerzlich und zeitaufwendig sein? Nähme man die acht Jahre Grammar School und noch vier Jahre High School zusammen, so würde offensichtlich, daß ein Teil davon vergeudete Zeit ist. Ein „motivierter" Schüler würde den reinen Stoff in weniger als ein Drittel der Zeit lernen. Manche Leser schockiert diese These vielleicht (was durchaus verständlich ist), da sie glauben, daß Unterricht mehr ist als nur Stoffinhalt. Damit stimmen auch die Autoren überein.

Während ihrer Schulzeit lernen die Schüler viele Verhaltensweisen. Sie lernen das Lernen zu fürchten, der Verantwortung zu entfliehen, ihren eigenen Wert gering zu schätzen, etc. Ein Mensch kann unmöglich ohne Veränderungen aus diesen zwölf Jahren – jeweils vierzig Wochen mit täglich acht Stunden – hervorgehen. Nur weil die Schule diese unerwünschten Verhaltensweisen nicht planvoll trainiert, heißt das noch nicht, daß sie nicht vorkommen.

Wie wir gesehen haben, werden Anker und Assoziationen jederzeit geschaffen und die wahre Bedeutung der Kommunikation wird an der Reaktion gemessen, die sie hervorbringt. Da dies die Realität ist, die auch durch Rhetorik nicht verändert werden kann, sollten wir das zukünftige Erziehungswesen mit NLP-geschulten Augen betrachten.

Individuelle Unterschiede, Rapport und Kommunikation werden als die wichtigsten Aspekte dieses Bereichs bezeichnet. Wir stimmen alle überein, wie wichtig diese Variablen sind, aber nur wenige Forscher (falls überhaupt) können die einzelnen Begriffe genau definieren oder sagen, wie sie berücksichtigt werden können. Individuelle Unterschiede sind mehr als Standardabweichungen und Kreuze auf dem Testbogen.

Was für ein Unterschied wird das sein, wenn Erzieher erkennen, daß jeder sein Modell der Welt hat und dieses Modell für jeden die

Realität ist, wie er sie wahrnimmt! Dann wird auch sicher nicht nur erforscht, wie der einzelne sein Modell erwirbt, sondern viel wichtiger, die Aufmerksamkeit wird darauf gerichtet, anderen Menschen in ihrem Modell der Welt zu begegnen. Verstärkter Rapport und daraus folgend bessere Verständigung wären die natürlichen Konsequenzen. Die Gesellschaft würde Gewinn ziehen aus der individuellen Natur vieler einzelner Standpunkte.

Das Schulwesen würde sich verändern. Sind einmal die effektivsten Lernstrategien für die verschiedenen Gebiete gefunden, könnte dem Schüler geholfen werden, für sich den besten Weg zu grundlegendem Wissen zu finden. Noch wichtiger wäre die Entwicklung geeigneter Techniken, um auf dieses Wissen auch zurückgreifen zu können. Information ist wichtig, von überragender Bedeutung aber ist ihre stetige Verfügbarkeit, vor allem angesichts der Tatsache, daß die Menge an Wissen stetig wächst. NLP hat dies erkannt und zum Gegenstand der Erforschung gemacht. Hier liegt ein großes Potential für die wachsende Bedeutung der Erziehungs- und Lernmethoden.

Anhang 1

FRAGEBOGEN zum Erforschen der individuellen Interessen

Vorbemerkung: Der Lehrer sollte den Schüler informieren, daß die Fragen dazu dienen, daß der Lehrer den Schüler besser versteht. Er soll helfen, die Interessen des Schülers herauszufinden, um den Schüler motivieren zu können. Der Schüler muß gesagt bekommen, daß es keine richtigen oder falschen Antworten gibt, daß diese vielmehr individuell einzigartig sind. Der Lehrer sollte die Antworten auf ein eigenes Blatt Papier notieren. Er kann bei einzelnen Antworten auch weiter nachfragen, wenn er es für erforderlich hält. Der Lehrer liest dem Schüler die Fragen vor.

1. Nenne drei Dinge, die dich glücklich machen.
2. Welche drei Dinge tust du gerne in deiner Freizeit?
3. Nenne drei Dinge, die du gerne kaufen würdest.
4. Welche Spiele magst du?
5. Mit wem bist du gerne zusammen? Warum?
6. Welche Hobbies hast du?
7. Bist du in einem Verein?
8. Was siehst du dir gerne im Fernsehen an?
9. Gehst du ins Kino? Welche Filme magst du?
10. Welche Art von Musik magst du am liebsten?
11. Liest du Bücher, Zeitschriften oder Zeitung? Welche?
12. Bekommst du gerne vorgelesen? Was am liebsten?
13. Was hast du als Kind gerne getan? Würdest du das heute auch noch gerne tun?
14. Hast du ein Tier zuhause? Hättest du gerne eines?
15. Was interessiert dich in letzter Zeit besonders?
16. Welche Schulfächer magst du am liebsten? Warum?
17. Welches Fach magst du gar nicht? Warum nicht?

Aus den Antworten sollte der Lehrer dann für sich folgende Fragen beantworten:

A. Ergeben sich bestimmte Interessengebiete?
B. Gibt es Interessen, die beibehalten wurden?
C. Wenn sie sich die Interessen anschauen: Was läßt sich verwenden, um den Schüler zu motivieren?
D. Schreiben Sie auf, womit Sie motivieren können. Sie sollten dann jedoch ausprobieren, welche der genannten Dinge auch wirklich wirksam sind. Wenn der Schüler sich aufgrund Ihrer Motivation mehr bemüht, können Sie damit auch in Zukunft arbeiten.

Anhang 2

PRÄDIKATE

VISUELL	AUDITIV	KINÄSTHETISCH
sehen	hören	fühlen
Blicke	Geräusche	Berührungen
klar	laut	warm
fokussieren	zuhören	begreifen
Perspektive	erwähnen	spüren
beobachten	sagen	emotional
zeigen	klingen	Druck
vorhersehen	sprechen	anrühren
erscheinen	diskutieren	sensibel
vorstellen	bemerken	bewegen
Sicht	nachfragen	drehen
Aussicht	lautlich	Spannung
erkennen	aufmerksam	fließend

Anhang 3

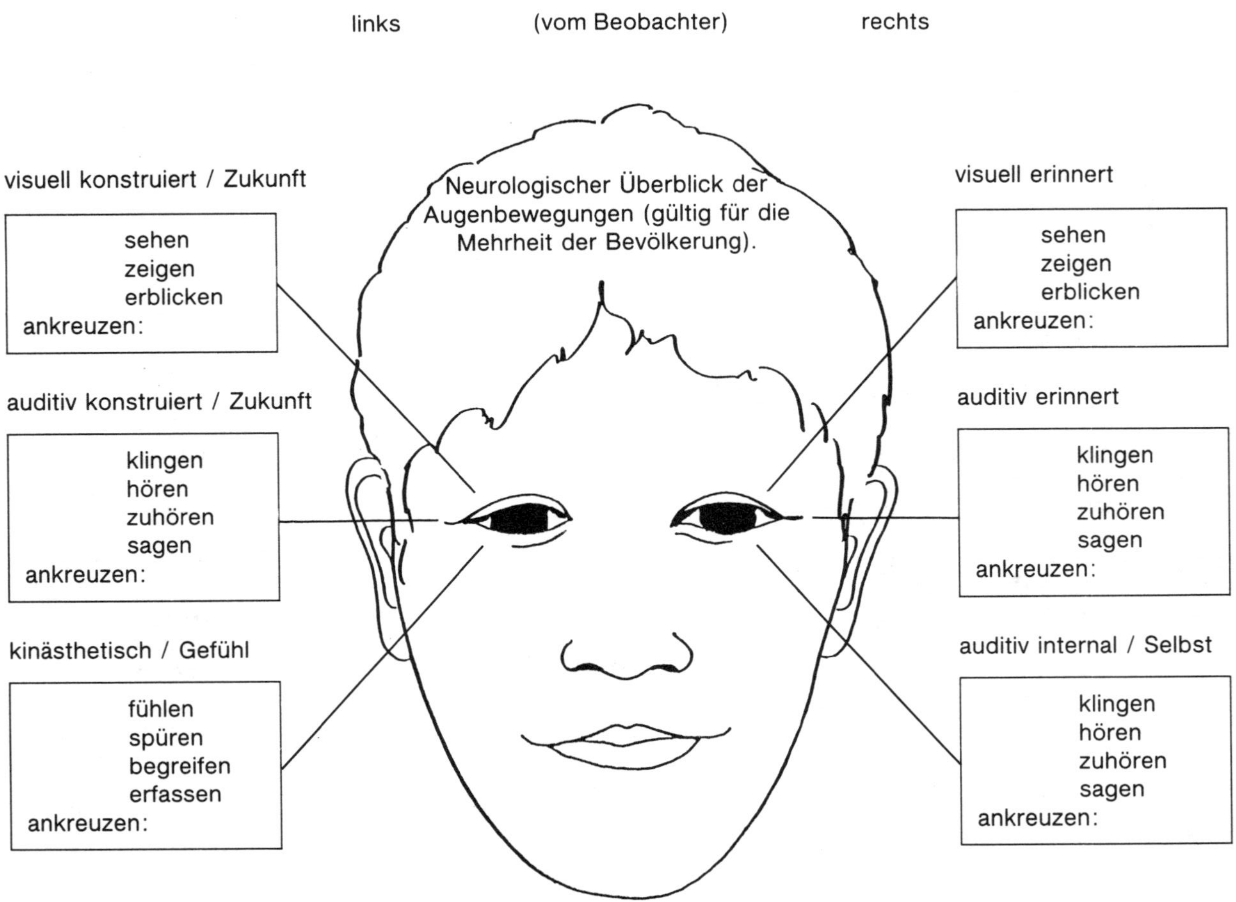
links
(vom Beobachter)
rechts
Neurologischer Überblick der Augenbewegungen (gültig für die Mehrheit der Bevölkerung).
visuell konstruiert / Zukunft
sehen
zeigen
erblicken
ankreuzen:
auditiv konstruiert / Zukunft
klingen
hören
zuhören
sagen
ankreuzen:
kinästhetisch / Gefühl
fühlen
spüren
begreifen
erfassen
ankreuzen:
visuell erinnert
sehen
zeigen
erblicken
ankreuzen:
auditiv erinnert
klingen
hören
zuhören
sagen
ankreuzen:
auditiv internal / Selbst
klingen
hören
zuhören
sagen
ankreuzen:

Anhang 4

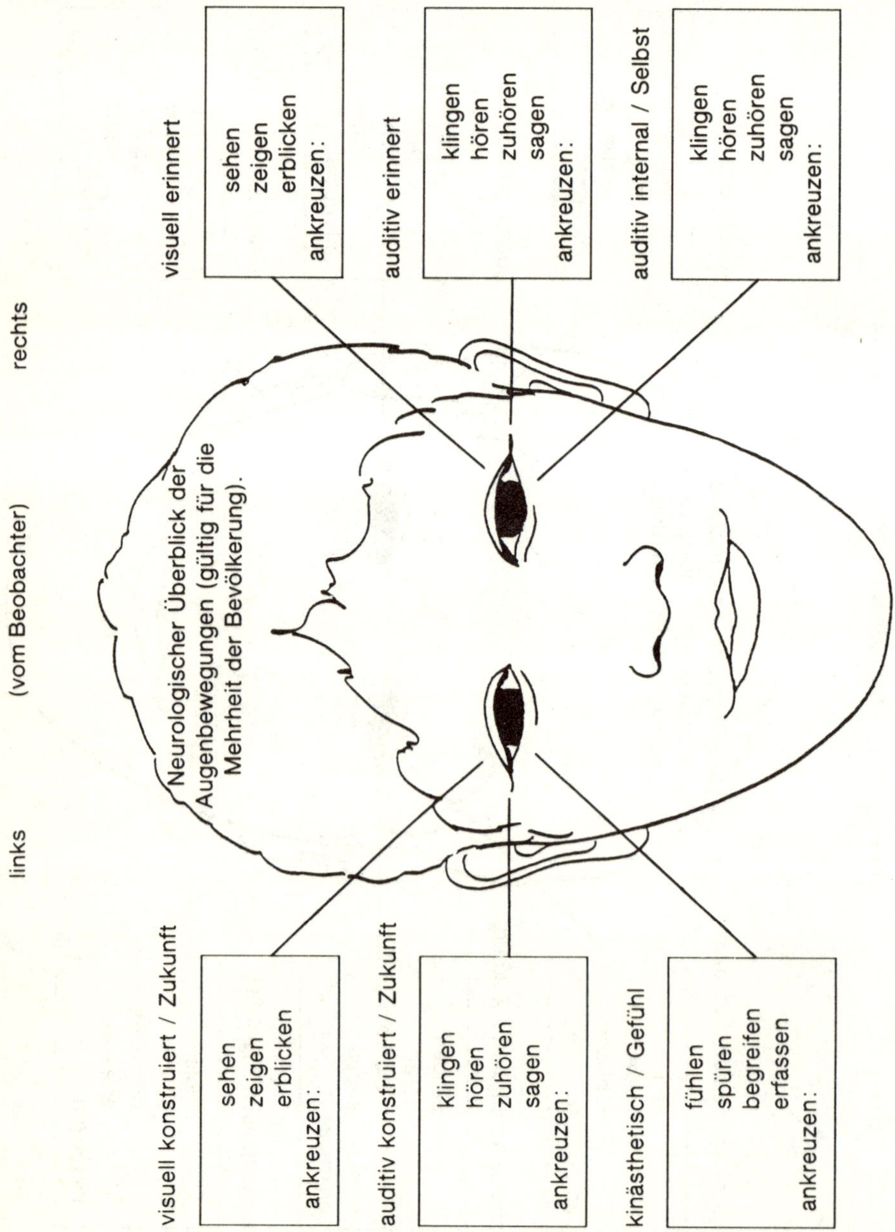
links
(vom Beobachter)
rechts
Neurologischer Überblick der Augenbewegungen (gültig für die Mehrheit der Bevölkerung).
visuell konstruiert / Zukunft
sehen zeigen erblicken
ankreuzen:
auditiv konstruiert / Zukunft
klingen hören zuhören sagen
ankreuzen:
kinästhetisch / Gefühl
fühlen spüren begreifen erfassen
ankreuzen:
visuell erinnert
sehen zeigen erblicken
ankreuzen:
auditiv erinnert
klingen hören zuhören sagen
ankreuzen:
auditiv internal / Selbst
klingen hören zuhören sagen
ankreuzen:

Anhang 5

FRAGEN, um Augenbewegungen zu identifizieren

Visuell erinnert (V^{i}_{er}):
1. Welche Augenfarbe hat deine Mutter?
2. Welche Farbe hat euer Auto?
3. Wo hast du mich zuerst gesehen?
4. Wie viele Türen gibt es in eurem Haus?
5. Welche Farbe haben die Wände in deinem Zimmer?
6. An wie vielen Ampeln kommst du auf deinem Schulweg vorbei?
7. Welche Farbe hat dein Lieblingshemd?

Visuell konstruiert (V^{i}_{k}):
1. Stelle dir eine lila Kuh vor.
2. Stelle dir vor, du wärst 5 Kilo leichter.
3. Was macht 333 geteilt durch 3?
4. Beschreibe, wie du im Fernsehen auftreten würdest.
5. Stelle dir ein fliegendes Boot vor.
6. Wie sieht ein Hund mit Bart aus?
7. Wie würde ein Auto mit 3 Rädern aussehen?

Auditiv (A^{i}):
1. Denke an dein Lieblingslied – summe es dir innerlich vor.
2. Erinnere dich an die Unterhaltung, die du gestern abend hattest.
3. Wie klingt der Motor eures Autos?
4. Unterscheide zwischen einer Türglocke und dem Telefonläuten.
5. Wie hört es sich an, wenn man mit Kreide über die Tafel fährt?
6. Singe innerlich „Happy Birthday".
7. Wie klingt es, wenn deine Mutter dich ruft?
8. Erinnere dich an das Geräusch von Wasser.

Kinästhetisch (K^{i})
1. Was ist kälter, dein linker oder dein rechter Arm?

2. Wie fühlt sich ein Schneeball an?
3. Wie fühlen sich die Füße im heißen Sand an?
4. Erinnere dich, als du das letzte Mal zuversichtlich warst.
5. Stelle dir vor, du hättest einen nassen Badeanzug an.
6. Wie ist das, wenn du dich auf die Zunge beißt?
7. Wie ist dein Gefühl unter der kalten Dusche?
8. Wie fühlt sich das Fell einer Katze an?

Anhang 6

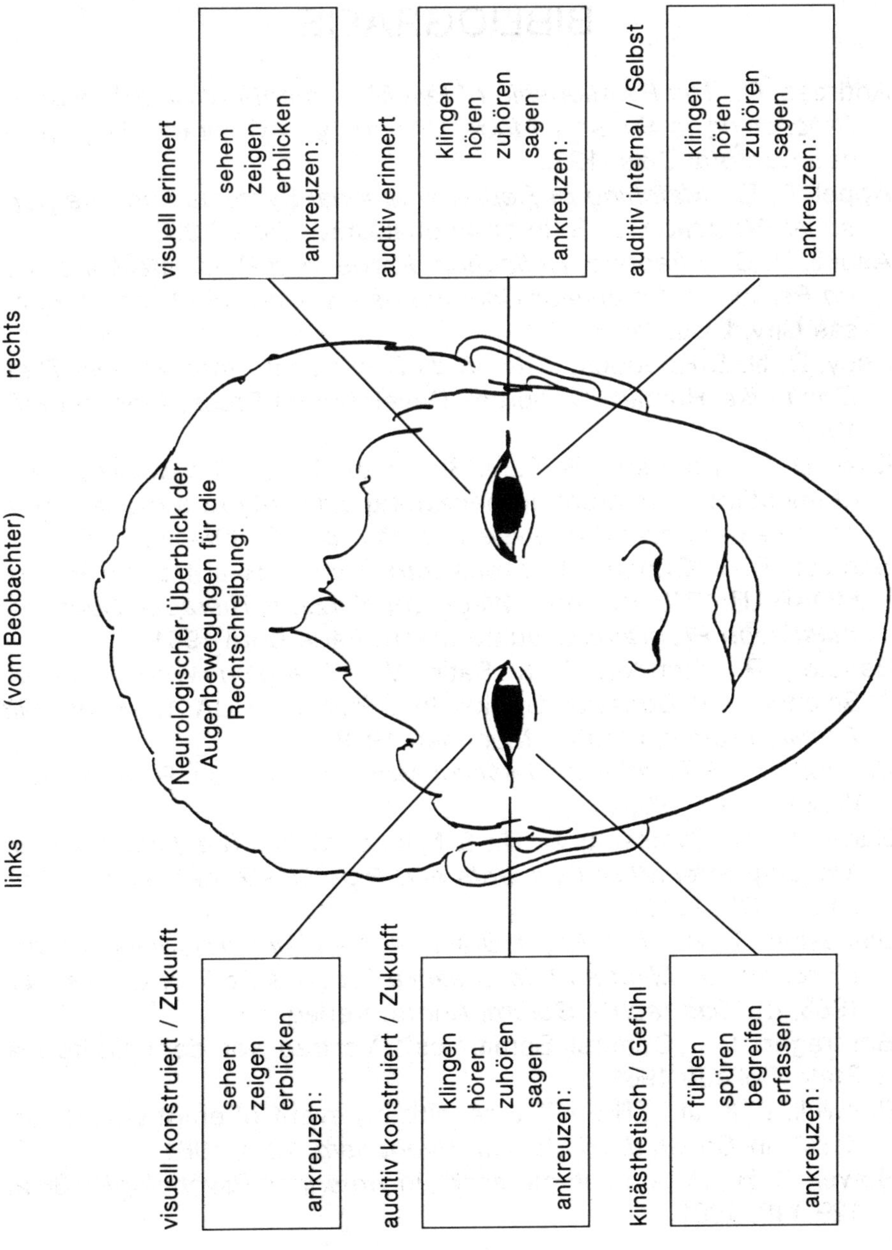
links
(vom Beobachter)
rechts
Neurologischer Überblick der Augenbewegungen für die Rechtschreibung.
visuell konstruiert / Zukunft
sehen
zeigen
erblicken
ankreuzen:
visuell erinnert
sehen
zeigen
erblicken
ankreuzen:
auditiv konstruiert / Zukunft
klingen
hören
zuhören
sagen
ankreuzen:
auditiv erinnert
klingen
hören
zuhören
sagen
ankreuzen:
kinästhetisch / Gefühl
fühlen
spüren
begreifen
erfassen
ankreuzen:
auditiv internal / Selbst
klingen
hören
zuhören
sagen
ankreuzen:

BIBLIOGRAFIE

Andreas, C., *The Relationship of Eye Movements While Information Processing to Sensory Mode*, University of Colorado, Unpublished doctoral Diss. 1983.

Appel, P. R., *Matching of Representational Systems and Interpersonal Attraction*, U. S. International Univ., Diss. 1983.

Asbell, H. C., *Effects of Reflection, Probe, and Predicate-Matching on Perceived Counselor Characteristics*, Univ. of Missouri, Kansas City, Diss. 1983.

Aspy, D. N. & Roebuck, F. N., *Kids Don't Learn from People They Don't Like*, Human Resources Development Press, Amherst MA 1977.

Baer, D. M., Peterson, R. F., & Sherman, J. A., „The development of imitation by reinforcing behavioral similarity to a model" in *J. of the experimental Analysis of Behavior*, 10, 405-416, 1967.

Bandler, R. & Grinder, J., *Frogs into Princes* Real People Press, MOAB UT 1979. dt. *Neue Wege der Kurzzeit-Therapie. Neurolinguistische Programme*, Junfermann, Paderborn 1981.

Bandler, R., Grinder, J. & Satir, V., *Changing With Families*, Science and Behavior Books, Inc. Palo Alto CA 1976. dt. *Mit Familien reden*, Pfeiffer, München 1978.

Bandura, A., *Principles of Behavior Modification*, Holt, Rinehart and Winston, NY 1969.

Barbe, W. B., Swassing, R. H., & Milone, M. N., *Teaching Through Modality Strengths: Concepts and Practices* Zaner-Bloser, Columbus OH 1979.

Blakeslee, T. R., *The Right Brain: A New Understanding of the Unconscious Mind and Its Creative Process* Berkley Books, NY 1983, dt. *Das rechte Gehirn,* Aurum Verlag.

Bontrager, C., „General Semantics", Vortrag vor dem California State College 1961.

Boswell, L. K. Jr., „The initial sensitizing event of emotional disorders", in *British J. of Medical Hypnotism*, 12 3, 1961.

Bower, G. H., „Mood and memory", in *American Psychologist*, 36 2, 129-148, 1981.

Bracht, G. H., „Experimental factors related to aptitude-treatment interactions" in *Review of Educational Research*, 40, 627-641, 1970.

Brockman, W. P., „Empathy revisited: The effect of representational system matching on certain counseling process and outcome variables." (The College of William and Mary in Virginia) in *Dissertation Abstracts International* 41 8, 3421A, 1981.

Buckner, M., „The Use of Eye Movement as an Indicator of Visual Components in Thought", ein Experiment durchgeführt an der Univ. von Tennessee, Knoxville 1985.

Burnes, F. & Nelson, L., „High performance programming: An operations model for a new age." *O E Communique: The Professional Organization, Effectiveness, Development Publications of the U. S. Army* 512, 27, 1981.

Burton, J. K. & Brunning, R. H., „Interference effects on the recall of pictures, printed words, and spoken words" *Contemporary Educational Psychology*, 7, 61-69, 1982.

Buzan, T., *Use Both Sides of Your Brain*, E. P. Dutton, NY 1976.

Campos, L., „Using metaphor for identifying life script changes" in *Transactional Analysis J.*, 2 2, 75, 1972.

Carrier, C., Karbo, K., Kindem, H., Legisa, G., & Newstrom, „Use of self-generated and supplied visuals as mnemonics in gifted children's learning" in *Perceptual and Motor Skills*, 57 1, 235-240, 1983.

Chalfant, J. C. & Scheffelin, M. A., *„Central Processing Dysfunctions in Children:* A Review of Research". U. S. Dept. of Health, Education, and Welfare, National Institute of Neurological Diseases and Stroke, 1969.

Cody, S. G., *Stability and Impact of the Primary Representational System in Neuro-Linguistic Programming: A Critical Examination*, Univ. of Connecticutt, Diss. 1983.

Cooper, J. C. & Gaeth, J. H., „Interactions of Modality with Age and with Meaningfulness in Verbal Learning", in *J. of Educational Psychology*, 58, 41-44, 1976.

Denholtz, M. S. & Mann, E. T., „An automated audiovisual treatment of phobias administered by non-professionals" in *J. of*

Behavior Therapy and Experimental Psychiatry, 6, 111-115, 1975.

Dilts, R., *Applications of Neuro-Linguistic Programming*, Meta Publications, Cupertino CA 1982.

Dilts, R., *Roots of Neuro-Linguistic Programming*, Meta Publications, Cupertino CA 1982.

Dilts, R. B., *Neuro-Linguistic Programming in Education: Building Blocks for Learning*, Behavioral Engineering, Scotts Valley CA 1980.

Dilts, R., Bandler, R., Grinder, J., Bandler, L. C., & DeLozier, J., *Neuro Linguistic Programming*, Vol. I, Meta Publ., Cupertino CA 1980. dt. *Strukturen subjektiver Erfahrung. Ihre Erforschung und Veränderung durch NLP*, Junfermann, Paderborn 1985.

Dowd, E. T., & Petty, J., „Effect of counselor predicate matching on perceived social influence an client satisfaction" in *The J. of Counseling Psychology*, 30, 339-345, 1982.

Dunn, R., Dunn, K. & Price, G., *Learning Style Inventory*, Price Systems, Lawrence KS 1975.

Ellickson, J. L., „The effect of interviewers responding differentially to subject's representational systems as indicated by eye movement." Michigan State Univ., doc.diss. in *Dissertation Abstracts International*, 41 7, 2754B, 1980.

Ellis, A., *Reason and Emotion in Psychotherapy*, Lyle Stuart, NY 1962.

Erickson, M., & Rossi, E., „Indirect forms of suggestion", in *The Collected Papers of Milton Erickson on Hypnosis*, Irvington, NY 1980.

Eriksen, C. C., & Kuethe, J. L., „Avoidance conditioning of verbal behavior without awareness: A paradigm of repression" in *J. of Abnormal Social Psychology*, 55, 203-209, 1956.

Falzette, W. C., „Matched versus unmatched primary representational systems and their relationship to perceived trustworthiness in a counseling analogue" in *J. of Counseling Psychology*, 28, 305-308, 1981.

Farmer, S. S., „Supervisory Conferences in Communicative Disorders: Verbal and Nonverbal Interpersonal Communication Pacing" (Univ. of Colorado, Boulder) in *Dissertation Abstracts*

International 44 (9), 27815B, 1984.
Ferguson, M., NLP: „A sciene for increasing beneficial choices“, in *Brain Mind Bulletin* 7 (11), 1-3, 1982.
Flanders, N. A., „*Cooperative Research: Teacher Influence, Pupil Attitudes, and Achievement*“, Monograph 12, U. S. Dept. of Health, Education, and Welfare, Washington D. C. 1965, U.S. Government Printing Office.
Foreyt, J. P., & Hagen, R. L., „Covert sensitization: Conditioning or suggestion?“ in *J. of Abnormal Psychology*, 82, 17-23, 1973.
Framingham, *Massachusetts Study*, National Institute of Health 1972.
Frieden, F. P., „Speaking the client's language: The effects of neuro-linguistic programming (predicate matching) on verbal and nonverbal behaviors in psychotherapy – A single case design“ (Virginia Commonwealth Univ. doc.diss), in *Dissertation Abstracts International* 42 (3), 1171B, 1981.
Gaudry, E., & Spiegelberger, C. D., *Anxiety and Educational Achievement*, Wiley, NY 1971.
Gelzheiser, L. M., Solar, R. A., Shepherd, M. J., Wozniak, R. H., „Teaching learning disabled children to memorize: A rationale for plans and practice“ in *J. of Learning Disabilities* 16 (7), 421-425, 1983.
Goldfried, M. R., Decenteceo, E. T., & Weinberg, L., „Systematic rational restructuring as a self-control technique“ in *Behavior Therapy*, 5, 247-254, 1974.
Goldfried, M. R., & Goldfried, A. P., „Cognitive change methods“, in F.H. Kanfer und A. P. Goldfried (Hrsg.) *Helping People Change*, Pergamon, NY 1975.
Goldfried, M. R., Linehan, M. M., & Smith, J. L., „The reduction of test anxiety through rational restructuring“ in *J. of Consulting and Clinical Psychology* 1985.
Goleman, D., „People who read people“ in *Psychology Today*, 7, 1979.
Gordon, D., *Therapeutic Metaphors: Helping Others Through the Looking Glass*, Meta Publications, Cupertino CA 1978. dt. *Therapeutische Metaphern*, Junfermann, Paderborn 1984.

Goulding, R. L., & Goulding M., *The Power is in the Patient*, T. A. Press, San Francisco CA 1978.

Goulding, R. L., & Goulding M., „Injunctions, decisions, and redecisions“ in *Transactional Analysis J.*, 6 (1), 41-48, 1976.

Gregorc, A. F., „Learning/Teaching styles: Their nature and effects“ in *Student Learning Styles*, S. 19-26, National Association of Secondary School Principals, Reston VA 1979.

Groninger, L. D., & Groninger, L. K., „Function of images in the encoding-retrieval process“ in *J. of Experimental Psychology: Learning, Memory, and Cognition* 8 (4), 353-358, 1982.

Hammer, A. L., „Matching perceptual predicates: Effect on perceived empathy in a counseling analogue“ in *J. of Counseling Psychology* 30, 172-179, 1983.

Hammer, A. L., „Language as a therapeutic tool: The effects on the relationship of listeners responding to speakers by using perceptual predicates“ in *Dissertation Abstracts International* 41 (3), 1980.

Hanna, R., Hodges, R., & Hanna, J., *Spelling Structure and Strategies*, Houghton, Miflin, Boston 1971.

Hanna, R., Hanna J., Hodges, R., & Rudorf E., *„Phoneme-Grapheme Correspondence as Cues to Spelling Improvement“*, U. S. Dept. od Health, Education, and Welfare, OE 32008, Washington D. C. 1966.

Haynie, N. A., *Systematic Human Relations Training with Neuro Linguistic Programming*, Univ. of Georgia, Diss. 1981.

Hefele, T. T., „The effects of systematic human relations training upon student achievement“ in *J. of Research and Development in Education* 4, 52-69, 1971.

Hernandez, V. O., „A study of eye movement patterns in the neurolinguistic programming model“ (Ball State Univ.: Doctoral dissertation) in *Dissertation Abstracts International* 42 (4), 1587B, 1981.

Higgins, H. L., „The conditioned reflex of Pavlov: Practical clinical applications, especially to children“ in *New England J. of Medicine* 225, 772-775, 1941.

Hill, E. L., „An empirical test of the NLP concept of anchoring“ in

Dissertation Abstracts International 44 (7), 2246B, 1984.

Hortin, J. A., & Bailey, G. D., „Visualization: Theory and applications for teachers" in *Reading Improvement* 20 (1), 70-74, 1983.

Hupp, D., *Neurolinguistic Programming and Unconscious Learning Pathways*, 1981. Erhältlich beim NLP Institute of D. C., 380 Maple Ave., West Vienna, VA 22190.

Jacobson, S., *Metacation*, Meta Publications, Cupertino CA, 1983.

Janis, I. L., & King, B. T., „The influence of role playing on opinion change" in *J. of Abnormal and Social Psychology* 49, 211-218, 1954.

Jones, J. P., *Intersensory Transfer, Perceptual Shifting, Model Preference, and Reading*, International Reading Assoc., Newark DE 1972.

Jones, R., *Self-fulfilling Prophecies: Social, Psychological, and Physiological Effects of Expectancies*, Wiley, NY 1977.

Kimmel, H. D., „Instrumental conditioning of automatically mediated responses in human beings" in *American Psychologist*, 29, 325-335, 1974.

Kozybski, A., *Science and Sanity*, Intern. Non-Aristoteliane Library, NY 1958.

Kunen, S., & Duncan, E. M., „Do verbal descriptions facilitate visual inferences?" in *J. of Educational Research*, 76 (6), 370-373, 1983.

Kunen S., Green,D., & Waterman, D., „Spread of encoding effects within the nonverbal visual domain" in *J. of Experimental Psychology: Human Learning and Memory* 5 (6), 574-584, 1979.

Lacey, J. I., & Smith, R.L., „Conditioning and generalization of unconscious anxiety", *Science* 120, 1045-1052, 1954.

Lankton, S. R., *Practical Magic: The Clinical Applications of Neuro Linguistic Programming*, Meta Publications, Cupertino CA 1979.

Leffel, G. M., *The Role of Metaphor in Human Behavior*, Graduation Projekt, Point Loma College 1977.

Lin, N., *The Study of Human Communication*, The Bobbs-Merrill Co. Inc., NY 1973.

Lockhard, J., & Sidowski, J. B., „Learning in fourth and sixth graders as a function of sensory modes of stimulus presentation and overt or covert practice" in *J. of Educational Psychology* 52, 262-265, 1961.

Mace, S., „The eyes have it: NLP learning theories inspire spelling program" in *Info World*, 22, 8, 1982.

Mattar, A. T., „Primary representational system as a basis for improved comprehension and communication" (Utah State Univ.: Doctoral dissertation) in *Dissertation Abstracts International* 41 (8), 3162B, 1981.

Mehrabian, A., *Non-verbal Communication*, Aldine-Atherton, NY 1972.

Meichenbaum, D., & Cameron, R., „Modifying what clients say to themselves" in Mahoney, M. J., & Thoreses, C. E., *Self-Control: Power to the Person*, Brooks/Cole, Monterey CA 1974.

Mercier, M. A., & Johnson, M., „Representational system predicate use and convergence in counseling: Gloria revisited" in *J. of Counseling Psychology* 31, 161-169, 1984.

Miller, G., „The magic number seven, plus or minus two: Some limits on our capacity for processing information" in *The Psychological Review* 63 (März), 1956.

Mills, R. E., *Learning Methods Test*, The Mills School, Ft.Lauderdale 1970.

Mozingo, L. L., *An Investigation of Auditory and Visual Modality Preferences for Teaching Word Recognition Skills to Students Classified as Auditory or Visual Learners*, Univ. of South Carolina, Doctoral dissertation 1978.

Nagel, C. V., *How to Organize and Manage Your Classroom*, Super Learning Systems, Jacksonville, FL 1985.

Nagel, C.V., *Van Nagel Diagnostic Series: Pinpointing a Student's Functioning in Reading, Writing, and Arithmetic*, Super Learning Systems, Jacksonville, FL 1979.

O'Connor, R., „Modification of social withdrawal through symbolic modeling" in *J. of Applied Behavior Analysis* 2, 15-22, 1969.

O'Neal, H. Jr., *Learning strategies*, Academic Press, NY 1978.

Ong, J., & Jones, L., „Memory for designs, intelligence, and achievement of educable mentally retarded children" in *Perceptual and Motor Skills* 55 (2), 379-382, 1982.

Ott, J. N., *Health and Light: The Effects of Natural and Artificial Light on Man and Other Living Things*, The Derair-Adair Company, Old Greenwich CT 1973.

Otto, W., McMenemy, R., & Smith, R., *Corrective and Remedial Teaching*, 2. Aufl., Houghton-Mifflin, Boston 1973, 254-255.

Palubeckas, A. J., „Rapport in the therapeutic relationship and its relationship to pacing" in *Dissertation Abstracts International* 42 (6), 2543-4B, 1981.

Pantin, H. M., „The relationship between subjects' predominant sensory predicate use, their preferred representational system and self-reported attitudes towards similar versus different therapist-patient dyads" (Univ. of Miami: Doctoral dissertation) in *Dissertation Abstracts International* 43 (7), 2350B, 1983.

Patterson, G. R., „An application of conditioning techniques to the control of a hyperactive child" in Ullmann, L. P., & Krasper (Hrsg.), *Case Studies in Behavior Modification*, Holt, Rinehart and Winston, NY 1965, 370-375.

Patterson, G. R., McNeal, S., Hawkins, N., & Phelps, R., „Reprogramming the social environment" in *J. of Child Psychology and Psychiatry* 8, 181-195, 1967.

Perelle, I. V., „Auditory and written visual stimuli as factors in learning and retention" in *Reading Improvement* 1, 15-22, 1975.

Rachman, S., „Clinical applications of observational learning, imitation, and modeling" in *Behavior Therapy* 3, 379-397, 1972.

Restak, R., *The Brain*, Bantam Books, NY 1984.

Richard, H. C., Dignam, P. J., & Horner, R. F., „Verbal manipulation in a psychotherapeutic relationship" in *J. of Clinical Psychology* 16, 364-367, 1960.

Rimm, D. C., & Litrak, S. B., „Self verbalization and emotional arousal" in *J. of Abnormal Psychology* 74, 181-187, 1969.

Rudolf, G. de M., „Deconditioning and time-therapy" in *J. of Mental Science* 107, 1097-1101, 1961.

Salter,A., *A Conditioned Reflex Therapy: The Direct Approach to the Reconstruction of Personality*, Capricorn PB, NY 1961.

Sandhu, D. D., „The effects of mirroring vs. nonmirroring of clients' trustworthiness, and positive interaction in cross-culture counseling dyads", in *Dissertation Abstracts International 45 (4), 1042A, 1984.*

Schmedlen, G. W., „The impact of sensory modality matching of rapport in psychotherapy" (Kent State Univ.: Doctoral dissertation) in *Dissertation Abstracts International* 42 (5), 2080B, 1981.

Seham, M., „The conditioned reflex in relation to functional disorders in children" in *American J. of Disabled Children* 43, 163-186, 1932.

Shobin, M. A., „An investigation of the effect of verbal pacing on initial therapeutic rapport" (Univ. of Boston) in *Dissertation Abstracts International* 41 (5), 1960A, 1980.

Singer, R.D., „Verbal conditioning and generalization of prodemocratic responses" in *J. of Abnormal Social Psychology* 63, 43-46, 1961.

Skinner, B. F., *Science and Human Behavior*, Macmillan NY 1953.

Staats, A. W., & Staats, C. K., „Attitudes established by classical conditioning" in *J. of Abnormal Social Psychology* 57, 37-40, 1958.

Stewart, J., & D'Angelo, G., *Together: Communicating Interpersonally*, Addison-Wesley, London 1975.

Strayhorn, J. M., *Talking It Out*, Research Press Co., Champaign 1977.

Suedfeld, P., „Attitude Manipulation in Restricted Environments: V. Theory and Research", Vortrag auf einem Symposium des XX. Internationalen Kongresses für Psychologie, Tokio 1972.

Taffel, C., „Anxiety and the conditioning of verbal behavior" in *J. of Abnormal Social Psychology* 51, 496-501, 1955.

Tessler, R. C., & Schwartz, S. H., „Help seeking self-esteem, and achievement motivation: An attributional analysis" in *J. of Personality and Social Psychology* 21, 318-326, 1972.

Tetlock, P. E., & Suedfeld, P., „Inducing belief instability without a persuasive message: The roles of attitude centrality, individual cognitive differences, and sensory deprivation" in *Canadian J. of Behavioral Sciences* 8, 324-333, 1976.

Ullmann, L.P., Krasner, I., & Collins, B. J., „Modification of behavior through verbal conditioning: Effects in group therapy" in *J. of*

Abnormal Social Psychology 62, 128-132, 1961.
Vander, Z., „The effects of meta-model questioning and empathic responding on concreteness in client statements and client trustworthiness“ in *Dissertation Abstracts International* 44 (12), 3600-3601A, 1984.
Van Mondfrans, A. P., & Travers, R. M., „Learning of redundant material through two sensory modalities“ in *Perceptual and Motor Skills* 19, 743-751, 1964.
Warren, C. A. B., „The use of stigmatizing labels in conventionalizing deviant behavior“ in *Sociology and Social Research* 58, 303-311, 1974.
Webster, M., *New Collegiate Dictionary,* G & C Merriam Co., Springfield MA 1984.
Willer, B., & Miller, G. H., „Client involvement in goals setting and its relationship to therapeutic outcome“ in *J. of Clinical Psychology* 32, 689-690, 1976.
Wolpe, J., *The Practice of Behavior Therapy*, Pergamon Press, NY 1969.
Wolpe, J., *Psychotherapy by Reciprocal Inhibition*, Stanford Univ. Press, Stanford CA 1958.

INDEX:

Informationen über weiterführende Seminare zu Megateaching und -learning und NLP erhalten Sie über

Institut für Angewandte Kinesiologie
Zasiusstraße 67, D-7800 Freiburg
Tel. 0761/72729

Forum für Metakommunikation
Bernd Isert
Konstanzer Straße 10
D-1000 Berlin 31
Tel. 030/8823662

Wie Sie in wenigen Minuten Ihre Phobie oder Angst verlieren können.
Phobien und Ängste beherrschen das Leben vieler Menschen. Dieses Buch ist ein Meilenstein auf dem Weg zur erfolgreichen Behandlung von Phobien und Angst. Es berichtet von den Heilungserfolgen Dr. Roger J. Callahans, der in 85% aller Fälle seine Patienten von ihren Ängsten befreien konnte: augenblicklich, schmerzlos und auf natürliche Weise. Sie können diese Methode sofort selbst für sich und andere anwenden. – Ein sehr empfehlenswertes Buch für Therapeuten und für die, die sich selbst helfen wollen.

209 Seiten, Illustrationen, Paperback, 28,– DM/sfr
ISBN 3-924077-07-X

Das *Institut für Angewandte Kinesiologie* in Freiburg veranstaltet laufend Kurse in Edu-Kinesthetic, Touch for Health (Gesund durch Berühren) und den unterschiedlichen Bereichen der Angewandten Kinesiologie. Das Institut ist ständig bemüht, durch engen Kontakt mit den Pionieren der Methode aus dem Ursprungsland, den Vereinigten Staaten, die neuesten Forschungen in den Entwicklungen auf dem Bereich der Angewandten Kinesiologie zu integrieren. Ein weiteres Anliegen ist die Veröffentlichung von Literatur zum Thema, um eine möglichst große Verbreitung der Angewandten Kinesiologie auch im deutschsprachigen Raum zu ermöglichen.
Wer an der Arbeit des Instituts interessiert ist, kann kostenlose Unterlagen anfordern über die folgende Adresse:

INSTITUT FÜR ANGEWANDTE
KINESIOLOGIE FREIBURG
Zasiusstraße 67, D-7800 Freiburg
Telefon 07 61/7 27 29